农村劳动力转移动因研究

——基于托达罗模型的修正与实证检验

THE RESEARCH ON THE MOTIVATION EFFECTING FARMER LABOR EMIGRATION:

Todaro Model Modification and Empirical Validation

何微微 ◎ 著

中国财经出版传媒集团

经济科学出版社
Economic Science Press

图书在版编目（CIP）数据

农村劳动力转移动因研究：基于托达罗模型的修正
与实证检验/何微微著．—北京：经济科学出版社，
2021.9

ISBN 978 - 7 - 5218 - 2897 - 9

Ⅰ.①农…　Ⅱ.①何…　Ⅲ.①农村劳动力 - 劳动力转
移 - 研究 - 中国　Ⅳ.①F323.6

中国版本图书馆 CIP 数据核字（2021）第 190063 号

责任编辑：杨　洋　卢玥丞
责任校对：杨　海　王苗苗
责任印制：王世伟

农村劳动力转移动因研究
——基于托达罗模型的修正与实证检验
何微微　著

经济科学出版社出版、发行　新华书店经销
社址：北京市海淀区阜成路甲 28 号　邮编：100142
总编部电话：010 - 88191217　发行部电话：010 - 88191522
网址：www. esp. com. cn
电子邮箱：esp@ esp. com. cn
天猫网店：经济科学出版社旗舰店
网址：http://jjkxcbs. tmall. com
北京季蜂印刷有限公司印装
710 × 1000　16 开　14 印张　160000 字
2021 年 9 月第 1 版　2021 年 9 月第 1 次印刷
ISBN 978 - 7 - 5218 - 2897 - 9　定价：56. 00 元
（图书出现印装问题，本社负责调换。电话：010 - 88191510）
（版权所有　侵权必究　打击盗版　举报热线：010 - 88191661
QQ：2242791300　营销中心电话：010 - 88191537
电子邮箱：dbts@ esp. com. cn）

前　言
Preface

　　劳动力转移是各国经济发展过程中的共有现象，是提高全社会生产率，推动城市化、工业化及农业产业化的重要前提。改革开放40多年来，我国经济体制改革不断深入，城镇化和工业化快速推进，较大的城乡比较利益差距吸引着大量的农村劳动力向城市转移。特别是人口流动政策放宽以来，我国农村劳动力转移的速度和规模不断突破。劳动力由农业向非农业、由农村向城市流动已成为一种不可逆转的社会发展趋势。在未来相当长一段时期内，我国工业化及新型城镇化的持续推进依然需要农村劳动力大量转移。

　　劳动力转移动因分析是劳动力转移研究的基础，洞悉劳动力转移的内在动力因素可以更好地引导和协调劳动力流动行为。在劳动力转移理论中，托达罗模型是最著名的分析工具之一。

托达罗以发展中国家为研究对象，重点强调收入预期因素对劳动力转移决策的影响，但忽略了非收入预期因素对劳动力转移决策的影响。从我国现实情况来看，随着物质生活水平的日益提高，我国农村劳动力对非经济福利的关注程度不断上升。在生存理性和发展理性的共同作用下，农村劳动力的转移动机逐步向多元化方向演变。因此，仅从预期城乡收入差距这一单一维度解释农村劳动力转移行为显然不够充分。行为科学、社会学等学科的发展，为理解农村劳动力非经济理性提供了解释的可能。基于跨学科研究，在托达罗模型中统筹考虑非收入预期因素既是增强模型解释力的客观需求，也是深入理解目前我国农村流动群体多元诉求的必然途径。

现阶段，学术界对农村劳动力转移动因的认识不断深化，一些学者注意到托达罗模型中所忽略的非收入因素的不足并对其进行修正，但在某些方面尚有探讨空间。本书以托达罗模型修正为切入点，试图基于收入预期和非收入预期维度构建一个更符合我国农村劳动力转移现实的理论框架，并结合微观数据验证修正模型。根据研究目的，本书主要回答了"除了收入预期外，农村劳动力转移决策是否还受到更深层次、更多元化的利益诉求影响？""在诸多影响动因中，收入预期因素是否依然是最重要的因素？""我国农村劳动力转移动因的未来演变趋势会怎样？"等问题，由此得到一系列有益的研究结论。

（1）收入预期因素（即城乡预期收入差距）对农村劳动力

转移决策具有重要影响。预期城乡收入差距越大，农村劳动力向城市转移的意愿越强。这说明托达罗模型基于经济视角对我国农村劳动力转移现实的解释，依然具有一定说服力。

（2）非收入预期因素对农村劳动力转移决策的影响值得特别注意。基于"复杂人"假设，本书将非收入预期因素纳入托达罗模型进行修正，并用微观数据验证修正模型。结果表明，包含情感预期、职业预期和发展预期在内的非收入预期因素是驱动农村劳动力转移的重要动因，将非收入预期因素纳入托达罗模型进行修正是必要且极其重要的。

（3）非收入预期因素中的某些变量对农村劳动力转移决策的影响已经超越了收入预期因素的影响。采用均方差法对劳动力转移的各影响动因进行赋权排序后发现，收入预期因素在农村劳动力转移决策中的地位退居到相对次要的地位，情感预期、发展预期及职业预期已然成为推动农村劳动力转移的新动力。收入预期因素和非收入预期因素共同推动农村劳动力向城市转移，符合农村劳动力转移的发展趋势和城镇化发展的自然规律。

本书的研究结论深化了对农村劳动力转移动因的认识，对托达罗模型的修正增强了其理论解释力，使得本书具有一定的创新性，主要体现如下。

（1）从人性假设视角拓宽了劳动力转移动因研究的视野。现阶段，已有文献在对托达罗模型遗漏非收入因素的不足进行修正时，仍大多基于"经济人"假设，鲜有学者从人性假设视角对托达罗模型进行突破。借鉴管理学中的人性假设理论，本书将"复杂人"假设引入托达罗模型，为探讨非收入预期因素对农村劳动力转移决策的影响提供了理论支持。

（2）非收入预期因素的引入增强了托达罗模型的理论解释力。当前，学术界已就经济因素对农村劳动力转移决策的影响进行了大量研究，但就非收入因素对农村劳动力转移的影响研究尚且不足。由于非收入预期因素难以量化和获取数据，在相关研究中涉及不多。为使托达罗模型更贴合我国的劳动力转移实际，本书将非收入预期因素引入模型中，并基于"收入预期"和"非收入预期"两个维度分析农村劳动力转移动因。

（3）劳动力转移动因的测度拓展了理论内涵。为了揭示各影响动因对农村劳动力转移决策的影响，本书采用均方差法对各影响因素进行赋权排序。结果表明，收入预期因素对农村劳动力转移决策的影响已非首要因素。

在未来相当长一段时期内，工业化及新型城镇化的持续推进依然需要农村劳动力大量转移。与以往城镇化建设不同的是，新型城镇化强调需回归人需求和权利的多样性。这为研究农村劳动力转移动因提供了实践支持。

目 录

Contents

第 1 章

绪　　论

1.1　研究背景

"农业丰则基础强，农民富则国家盛，农村稳则社会安。"[①]
作为一个典型的农业大国，"三农"问题是事关我国经济发展
的重大问题，对全面建成小康社会具有重要意义。"三农"问
题的核心是农民问题，归根结底是农村人口数量过多。根据国
家统计局发布的《国民经济和社会发展统计公报》数据显示，
截至 2019 年底，全国人口总量为 140005 万人，其中，乡村常
住人口 55162 万人，占总人口的 39.4%。与 2005 年相比，农
村人口占总人口的比重（58.24%）虽然降幅较大，但农村人
口的绝对数量仍很大。与此同时，2019 年全国耕地面积为

[①] 《中共中央国务院关于积极发展现代农业扎实推进社会主义新农村建设的若干意见》曾
指出："农业丰则基础强，农民富则国家盛，农村稳则社会安。"

20.23 亿亩，人均耕地面积不足 1.5 亩。庞大的农业人口与有限的土地资源之间的尖锐矛盾，是导致农民贫困的历史根源（程名望，2006）。因此，推进农村剩余劳动力向非农产业转移，既是解决"三农"问题的根本出路，又是顺利实现工业化和城市化的关键环节。

劳动力转移是各国经济发展过程中的共有现象，是提高全社会生产率，推动城市化、工业化及农业产业化的重要前提（吴敬琏，2002）。劳动力在产业部门间的再分配过程，被视作经济发展的核心问题（敖荣军，2008）。作为破解"三农"问题、促进城乡协调发展的重要途径，农村劳动力转移已经上升为国家发展战略问题，一直备受政府重视。1982～1986 年，中共中央连续发布 5 个以"三农"为主题的中央一号文件，对深化农村改革和促进农业生产力发展等相关工作做出明确部署。2004 年至今，中央一号文件连续 18 年聚焦"三农"，凸显了"三农"问题在全党工作中处于"重中之重"的地位。作为解决"三农"问题的重要途径，农村劳动力转移已成为统筹城乡经济社会发展的重要纽带，其重要性和紧迫性不言而喻。

中国过去 20 年来的劳动力转移深刻影响着全球经济的重新布局、本国经济的起飞和区域结构调整（蔡昉、王美艳，2002；陆铭，2011）。新中国成立以来，我国农村劳动力转移工的数量和规模不断突破。20 世纪 80 年代初，农村外出劳动力仅 200 万人，80 年代末达到 3000 万人；到 1994 年，外出农村劳动力人数增至 6000 万人左右，约占全国农村劳动力总量的 1/7；到 20 世纪末，外出就业的农村劳动力人数发展至一亿人左右（国务院发展研究中心课题组，2011）；而到 2020 年，全国农民工总量已达到 28560 万人，其中，外出农民工 16959 万人①。伴随着社会变革的全面深化和城乡一体化进程的持续推进，劳动力由农业向非农业、由农村向城市流动已成为一种不可逆转的社会发展趋势。然而，不容乐观的是，我国农业就业比重依然偏高，城镇化水平远远滞后。国家统计局数据显示，截至 2020 年末，我国常住人口城镇化率为 63.89%，仍有较大提升空间②。城镇化水平的提升，有赖于农村劳动力的顺利转移（韦伟、傅勇，2004）。依据发达国家的发展经验，未来相当长一段时期内，我国城镇化和工业化进程的持续推进依然需要大量的农村劳动力转移至非农产业。深入探析现阶段农村劳动力转移决策的多元影响动因，对于理解我国农村劳动力转移的内在规律、发展趋势及政策制定具有重要意义。

1.2 研究意义

我国城乡分割的二元结构由来已久，已成为制约城乡发展

---

① 《2020 年农民工监测调查报告》。
② 住建部. 2020 年我国常住人口城镇化率达 63.89% ［N］. 潇湘晨报，2021 – 8 – 31.

一体化的最大瓶颈。作为缩小城乡差距的一种重要机制，劳动力向非农产业转移是二元结构向一元结构转变的普遍现象和基本规律，是工业化和现代化的必然结果和趋势。就我国而言，城乡分割所蕴含的矛盾不仅体现在收入差距方面，更涉及政府公共投入、教育、医疗、就业、消费等方面。长期以来，我国资源配置过多地向城市倾斜，农村地区资源分配明显滞后。城乡发展的不均衡，导致大量农村劳动力向城市转移。

作为一种生产要素，劳动力流动或转移必然受到经济规律的制约和支配。城乡收入差距、预期城乡收入差距等经济因素是促使农村劳动力向城市转移的重要动力。然而，需要注意的是，劳动力需依附于劳动者个体而存在，个体的存续则要靠生活资料来维持。从更宽的视域角度来看，农村劳动力不仅是经济人，还是情感人、社会人、自我实现人，故其利益诉求是错综复杂的。此外，随着社会生产力的不断发展及物质基础的日益丰富，个体需求格局日趋演变，其价值取向逐渐超越物质需求层次，上升至更为高级的心理社会层面。农村劳动力的转移决策是生存理性和发展理性共同作用的结果，而发展理性在社会需求及自我实现层次方面高于生存理性，是劳动力理性选择高级化的具体体现（文军，2001；刘成斌，2007）。这一发展趋势理应纳入劳动力转移的研究视野。为此，忽视潜在农村转移劳动力的复杂诉求，仅从"经济理性"这一单一维度解释农村劳动力转移问题，显然有失偏颇。要促进农村劳动力转移，不仅要关注农村劳动力的经济诉求，而且要重视其非经济诉求。

劳动力转移的动因分析是劳动力转移研究的基础，洞悉劳动力转移的内在动力因素可以更好地引导和协调劳动力流动行为（张樨樨、刘秋霞等，2015）。由于劳动力转移动因问题的复杂性和多样性，学术界尚未就此问题达成一致的、一般化的研究结论。已有理论中，托达罗模型应用最广泛，也更贴近发展中国家的现实，故国内学者在分析劳动力转移问题时大多沿袭着托达罗模型的理论框架。就我国现阶段的情况而言，仅用预期城乡收入差距解释农村劳动力转移动因显然不够充分。本书试图在托达罗模型的分析框架内，引入更符合潜在转移农村劳动力行为特点的人性假设，并基于收入预期因素和非收入预期因素两个维度构建一个更加贴近我国现实的劳动力转移理论框架。这无疑是对农村劳动力转移相关理论的一种新的探索，具有重要的理论价值和现实意义。

1.3　基本概念的界定

1.3.1　劳动力、农村劳动力、农村剩余劳动力

劳动力有广义和狭义之分，广义的劳动力是指社会的全部

人口；狭义的劳动力是具有劳动力生产能力的适龄人口。根据我国相关法律法规规定，16～60 周岁的男性及 16～55 周岁的女性均属于劳动力；男职工年满 60 周岁，女干部年满 55 周岁，女职工年满 50 周岁为退休年龄。需要说明的是，在本书的实证分析中，调查对象的年龄取值介于 18～60 岁。

农村劳动力与城镇劳动力相对应，是指农村地区 15～64 岁、从事第一、第二、第三产业的劳动力总和。其中，16 岁以上的在校学生、服兵役人员、由国家支付工资的职工、因身体原因无法劳动的人等，不计入农村劳动力的统计范围。需要注意的是，农村劳动力不等同于农业劳动力。农村劳动力既包括农业劳动力，也包括农村地区非农就业劳动力，故而农村劳动力的范围更大。为使样本更具代表性，本书实证部分所用样本为适龄劳动力，即年龄范围介于 18～60 岁的农村劳动力。

对于农村剩余劳动力的概念界定，学术界争议较大，尚未形成统一见解。其中，对农村剩余劳动力进行概念界定最经典的当属刘易斯（Lewis，1954）。刘易斯发表题为《劳动无限供给条件下的经济发展》的论文，在文中首次正式提出"零边际生产率"说，将农村剩余劳动力定义为"工业化过程中从农业部门中分离出去但不会影响农业总产出的，边际生产率为零或趋于零的那部分劳动力"。此后，针对传统农村剩余劳动力定义在技术停滞、不符合发展中国家技术进步的现实，郭熙保、宋林飞等学者提出"地—劳比率变动"说，认为在技术进步的背景下，农村剩余劳动力的界定标准与农村劳动力的人均耕地面积密不可分，"当农村地区的人均耕地面积持续降低，就认为存在农村剩余劳动力"（郭熙保，1995）。基于劳动力供求关系视角，樊茂勇、侯鸿翔（2000）认为农村剩余劳动力是"生产过程中生产资料和劳动力的结构失衡，是劳动力供给超过既定生产资料导致的劳动力需求呈低效用或负效用的现象"。基于充分就业的视角，何景熙（2000）认为，"农村地区非充分就业的劳动力即为农村剩余劳动力。而农村劳动力的非充分就业是指每单位农村劳动力每年有效工作时数（此处是指农村劳动力从事农业和非农产业等一切经济活动所消耗的有效时数，非经济活动的时间消耗不计入内）低于公认的单位农村充分就业劳动力年度有效工作时数标准，即制度工时数的一种状态"。综上所述，上述观点各有侧重，都有其合理性。根据研究需要，本书认为，农村剩余劳动力究其本质是农业领域中非充分就业的那部分劳动力，是农业部门中边际生产率为零甚至为负的劳动力。需要说明的是，自2002年《农业部关于做好农村富余劳动力转移就业服务工作的意见》文件明确提出"农村富余劳动力"的概念后，其使用频率越来越高。由于"农村剩余劳动力"和"农村富余劳动力"的含义区别不大，本书并不严格区分这两个概念。

1.3.2　农村劳动力转移、人口迁移

农村劳动力转移是实现劳动力资源优化配置的重要途径，是指农村劳动力从农业活动中抽离出来，进入第二、第三产业的过程。根据不同的划分标准，农村劳动力转移可分为不同种类。从产业转移的角度看，农村劳动力转移是指农村劳动力从农业向农业以外的产业转移。从区域转移视角看，依据迁移地与居住地距离的远近，农村劳动力转移可以区分为——"离土不离乡"的就地转移和"离土又离乡"的异地转移两种。从转移方向来看，农村劳动力转移是劳动力的双向流动过程，既包括农村劳动力从农村向城市的转移，也包括农村劳动力从城市向农村的回流。在我国当前的农村劳动力转移过程中，产业转移、区域转移及城乡双向转移往往相互融合。鉴于此，本书在研究过程中将农村劳动力的产业转移和区域转移均视作农村劳动力转移，不作详细区分。但需要说明的是，本书重点探讨的是农村劳动力从农村向城市的转移，对劳动力向农村回流的问题暂时不作讨论。在本书的实证部分，参照国家统计局对农村转移劳动力的概念，将其界定为"户籍仍在农村，每年从事非农产业或外出从业累计6个月及以上的劳动者"。另外，因劳动力转移和劳动力流动均属于劳动力在就业空间或行业间的变动，学术界一般将"劳动力转移"与"劳动力流动"视作同一概念

而相互替代使用。如无特殊说明，本书不再严格区分"劳动力转移""劳动力流动"与"劳动力迁移"。

人口迁移是人类社会发展过程中的一种普遍现象。根据联合国《多种语言人口学辞典》（United Nations，1982）的定义，人口迁移是"人口在两个地区之间以永久性迁移为目的的地理流动或者空间流动，通常会涉及永久性居住地的变动，与不改变居住地的人口移动不同"。根据不同标准，人口迁移可分为不同类型：根据迁移时间长短，人口迁移可分为永久性迁移和暂时性迁移；根据地理范围的不同，人口迁移可分为国际人口迁移和国内人口迁移；根据迁移流向，人口迁移可分为由农村到城镇的迁移、由城镇到农村的迁移、农村间的迁移及城镇间的迁移；根据迁移决策机制的性质，人口迁移可分为自愿性迁移与强迫性迁移、随机迁移和计划迁移、有组织迁移和自由迁移；根据迁移动因的不同，人口迁移又可分为经济性迁移（如摆脱贫困、谋求生存、改善生活条件等）和非经济性迁移（如婚姻、参军、工作调动、家属随迁等）。

应当指出的是，在我国当前的二元户籍体制背景下，人口迁移往往以户籍属性的改变为标志，而农村劳动力转移则通常以不改变户籍属性的"短暂性流动"为主，两个概念的内涵存在一定差异。伴随二元户籍制度改革的全面深化，我国长达半个多世纪之久的二元户籍制度将逐步转化为城乡统一的居住证制度。届时，"农村劳动力转移"与"人口迁移"之间的制度障碍将会逐渐消除。

1.4 研究思路与结构框架

劳动力转移作为破解城乡二元经济结构的重要途径，其转移动因一直是学术界研究的焦点之一。基于相关的劳动力转移理论，本书旨在深入剖析农村劳动力转移动因，围绕这一主题，在托达罗模型的理论框架下，改变部分假设条件，引入一些新增变量或影响因素，力图构建一个更加贴近现实的劳动力转移理论框架，在此基础上采用微观调研数据对新建模型进行验证，进而为未来的农村劳动力转移工作提供政策参考。本书一共分为6章，其中包括研究背景、理论综述、现状分析、理论构架、微观验证等内容。每一章独立成篇，相互衔接又紧密联系。遵循上述研究思路，本书的结构安排具体如下。

第1章是绪论。本章首先分析了本书所研究问题的研究背景和研究意义，然后对研究中涉及的相关概念进行了界定，最后说明了本书的研究思路和框架结构、研究方法及创新与不足。

第2章是理论基础与文献综述。本章是为后续研究提供分析框架及理论支持。这一章主要是归纳和梳理国内外农村劳动力转移的相关研究文献。其中，对国外劳动力转移理论的梳理主要基于传统劳动力转移理论、新劳动力迁移经济学、新经济地理学及其他理论四个方面展开；国内相关研究的回顾是从劳动力转移数量估算、影响效应、动机、阻碍、影响因素等方面展开。

第 3 章是我国农村劳动力转移的历史变迁与现状分析。本章是基于我国现实国情展开的农村劳动力乡—城转移的特殊性分析，是对我国农村劳动力转移现实情况的简要描述。这一章的内容主要分为三个部分，分别是我国农村劳动力转移的历史回顾、现状与特征、发展趋势。

第 4 章是我国农村劳动力转移动因分析——基于托达罗模型的反思与修正。本章的主要任务是对托达罗模型在我国的适用性进行分析，在此基础上进行模型修正。这一章主要从四个方面展开，首先从理论背景、模型内涵、政策含义方面对托达罗模型进行阐述，而后从积极意义和理论不足两方面分析托达罗模型在我国的适用性。其次，立足于我国的现实国情，分析现阶段我国农村劳动力转移的动因。再次，基于"复杂人"假设，将非收入预期因素纳入托达罗模型进行修正。最后，提出相关的实证研究假设。

第 5 章是农村劳动力转移动因的微观验证——基于修正的托达罗模型，是全书的核心章节。这一章首先对实证分析所用数据进行简要描述，其次设定相关变量、选取适合的实证分析方法，最后对农村劳动力转移动因进行实证分析。

第 6 章是结论与展望，是本书的最终落脚点。在前述章节的研究基础上，首先得出本书的主要结论，并据此提出相关的政策建议。其次指出本书的不足之处及未来尚需进一步研究的问题。

根据上述章节的结构安排与逻辑关系，技术路线如图 1-1 所示。

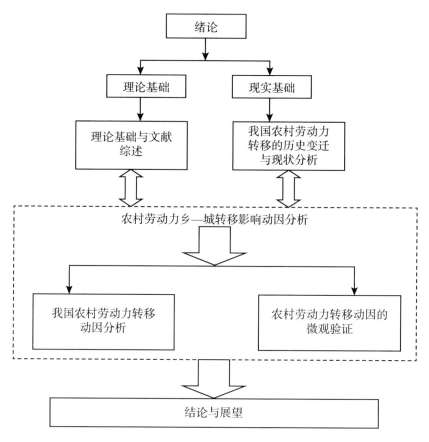

图 1-1　技术路线

1.5　研究方法

科学的研究方法具有独特的导向作用和普遍的指导意义，

是揭示事物内在规律的重要工具和手段。任何一项研究都难以离开研究方法的支持。围绕研究主题，本书将综合运用多种研究方法。在实际研究过程中，本书主要采用以下研究方法。

1.5.1 实证分析与规范分析相结合的方法

实证分析和规范分析均是经济学研究中常用的分析方法。实证分析是对经济现象的性质、特征与规律进行事实性陈述的方法，力求解释"是什么"的问题。规范分析侧重的是对经济现象进行价值判断，以求回答"应该是什么"的问题。两种分析方法各有其长、相互渗透且有机统一，在实际经济分析中经常结合使用，既可以回答"是什么"的问题，又可说明"应该是什么"的问题。本书在研究过程中，既注重对相关经济现象的实证分析，又力求在实证分析的基础上适时进行规范分析。采用实证分析法，通过论述农村劳动力乡—城转移动因的演化轨迹，解决农村劳动力转移动因"是什么"的问题；在结合微观调研数据进行实证检验的基础上，运用规范分析法，针对当前农村转移劳动力多元化利益诉求的现实，在劳动力转移理论框架中引入非收入预期因素，构建一个更加契合农村劳动力转移现实的理论框架，依此提出未来持续、稳定、协调推进农村劳动力转移的政策设计，解决"应该怎么样"的问题。

1.5.2 定性分析与定量分析相结合的方法

"定性分析"与"定量分析"最早始于分析化学领域，20世纪40年代左右逐步演化为一般意义上的研究方法，推广至其他研究领域。定性分析（又称质化研究）是指基于一定的理论与经验，从内在规定性角度对研究对象的性质特征进行分析，以此阐明、概括、总结事物的发展变化规律及其趋势。定量分析（又称量化研究）则是在定性分析的基础上，从数量关系角度运用适当的数学方法对研究对象进行推理、判断及预测，以此达到认识规律的目的。两种分析相互区别却又相辅相成，二者常常配合使用。研究劳动力转移问题，既要阐明其发展过程中所蕴含的普遍规律，又须借助数学方法揭示各相关变量之间的内部联系，以此推断和预测劳动力转移的未来发展趋势。为达到良好的研究效果，本书在研究过程中，以定性分析为理论基础，以定量分析为手段。在分析我国农村劳动力转移的历史进程、现状及未来趋势部分，本书主要采用定性分析法；在农村劳动力乡—城转移动因的微观验证及农村劳动力乡—城转移影响因素的赋权排序部分，则更多地采用定量分析法。

1.5.3 跨学科研究的方法

劳动力转移是一个复杂的社会问题，涉及诸多学科领域，仅从经济学视角进行研究，难免存在一定的片面性。为更好地考察农村劳动力转移动因问题，本书研究涉及多个学科领域，不仅包括经济学研究，还借鉴了心理学、人口学、管理学的相关理论。其中，人性假设演进分析、非收入预期因素分析的跨学科考察体现得最为明显。

1.6 创新之处

农村劳动力转移动因问题是学术界关注的焦点问题。由于劳动力转移动因问题的复杂性和多样性，学术界尚未就此问题达成一致的、一般化的研究结论。与以往研究不同的是，本书试图通过修正托达罗模型，将非收入预期因素纳入劳动力转移的理论框架，并结合微观调研数据进行实证分析。归纳起来，可能的创新点主要如下。

1. 从人性假设角度，在托达罗模型中引入"复杂人"假设，以期拓宽劳动力转移动因问题的研究视野

"经济人"假设是经济学研究的核心假设。从"经济人"假设的角度看，农村劳动力是受经济理性驱动的，行为的基本准则是追求自身利益最大化。然而，由于个体需求的复杂性和多样性，纯粹的"经济理性"无法完全解释农村劳动力迁移行为的复杂动因，故而有必要引入能够统摄迁移个体人性全貌的假设前提。"复杂人"假设实际上是对"经济人""社会人"及"自我实现人"三种人性假设的融合和汇总。现有研究大多未突破理性经济人假设这一思维定式，本书在统筹考虑农村劳动力多元化利益诉求的基础上，引入"复杂人"假设，以此为逻辑起点深入挖掘农村劳动力城乡转移的多元动因，为深入理解劳动力转移动因提供一个全新而现实的分析视角。

2. 从影响因素角度，在托达罗模型中引入非收入预期因素，以期构建一个更贴近现实的农村劳动力转移理论框架

托达罗将劳动力转移视为一种受比较经济利益驱动的理性经济行为，认为收入预期是促使农村劳动力向城市转移的首要动因，没有考虑非收入预期因素对农村劳动力转移决策的影响。收入预期对农村劳动力转移的影响已被不少学者验证，但非收入预期因素由于难以量化且数据取得较为困难，在相关研究中涉及不多。为弥补这一缺陷，本书以"复杂人"为假设条件，试图将情感预期、职业预期和发展预期等非收入预期因素纳入托达罗模型，基于"收入预期"和"非收入预期"两个维度构建一个更符合我国现阶段劳动力转移现实的理论框架。其中，非收入预期因素及其对农村劳动力转移决策的影响是本书的研究重点。

3. 从影响动因的精确程度角度，采用均方差法对劳动力转移各动因的影响程度进行测度，以期把握农村劳动力对各类诉求的重视程度

依据马斯洛需求层次理论，收入预期因素和非收入预期因素均体现了农村劳动力的内生需求，但次序不是固化的，同一时期潜在迁移者对影响迁移决策各动因的重视程度是不同的，故存在一个权重排序问题。本书选用均方差法对农村劳动力城乡转移决策的各动因进行权重排序，旨在探索各相关因素对农村劳动力城乡迁移决策的影响程度。通过赋权排序，本书发现：收入预期并非推动农村劳动力转移的唯一动因，非收入预期因素已悄然演化为农村劳动力转移的新驱动力，在劳动力转移决策中占据主导地位。

1.7 本章小结

　　作为全书的绪论部分，本章纲领式地对本书的研究脉络进行了阐述。首先，在研究背景部分引出研究主题，在此基础上论述该研究问题的理论意义和现实意义；其次，对部分基本概念进行界定；再次，对本书的研究思路和结构框架进行简要介绍，并阐述了论文所用的研究方法；最后，提出本书研究的创新之处。

第 **2** 章

理论基础与文献综述

　　劳动力转移一直是备受世界各国特别是发展中国家普遍关注的重要问题。基于不同研究视角，学者们对农村劳动力转移问题进行了广泛探讨，形成了丰富的研究成果，其中不乏经典。系统梳理和评述国内外相关文献，既是对劳动力转移研究进展的把握，也为深入研究劳动力转移动因问题提供理论依据和研究激励。本章的主要任务是对劳动力转移相关文献进行大致回顾，内容安排分为两个部分，首先对国外的经典理论进行回顾，其次对国内相关研究进行综述。

2.1　国外经典理论回顾与评述

　　生产要素的配置是经济学的基本问题。生产要素自由流动是价值规律发挥作用的重要途径。各类生产要素合理流动，有利于要素资源的重新组合和优化配置。与其他要素相比，劳动力依存于人类本身，不能脱离其载体独立存在，既是生产的手段，也是生产的目的和劳动报酬的获得者。劳动力流动是实现劳动力资源优化配置的重要途径，是劳动者在地区之间、产业之间和职业之间的多重转换。

劳动力转移思想的雏形可追溯至古典经济学时期，威廉·配第（W. Petty，1690）认为收入的比较差异吸引劳动力流向收入更高的产业部门；亚当·斯密（Adam Smith，1776）则认为劳动力转移是顺应由商业发展和劳动分工强化导致的市场扩展的自然结果；科林·克拉克（Clark，1940）计量比较了40多个国家和地区在不同时期、不同收入水平下三次产业结构分布中就业人口的变动趋势，揭示出劳动力转移的演进趋势，验证了配第的研究发现。马克思在《资本论》中以资本主义国家的工业化和城市化历程为背景，阐明劳动力流动的根本驱动力是资本积累，将劳动力流动视为客观存在的普遍规律（张德化、胡月英，2013）。早期经典文献蕴含着劳动力转移思想的丰富内涵，是深入探究劳动力转移动因的逻辑起点。

劳动力转移理论研究框架的系统构建源于发展经济学。人口学、行为科学等学科的发展促使农村劳动力转移研究更进一步，其理论成果对理解劳动力转移动因问题具有借鉴意义。

总体而言，关于农村劳动力转移的理论纷繁复杂且各有优劣。为契合研究主题，本书借鉴朱农（2005）、程名望（2007）对劳动力转移文献的梳理思路，重点探讨经济学相关理论，适度兼顾社会学、人口学、行为科学等领域的相关内容。

2.1.1 二元经济结构理论

1. 刘易斯模型

许多发展中国家过去曾是西方发达国家的殖民地、半殖民地或附属国。"二战"后这些国家先后独立，陆陆续续地开始发展经济。在工业化和现代化快速推进过程中，发展中国家面临着如何转移农业剩余劳动力的难题，劳动力转移问题因此备受关注。1954年，美国经济学家刘易斯（W. A. Lewis）发表了题为《劳动无限供给条件下的经济发展》的论文，在该文中依据"古典学派的传统和假设[①]"提出了著名的二元经济理论[②]。

二元经济理论成立的基本前提如下[③]：第一，发展中国家的经济分为两个部门——以现代工业为代表的资本主义部门和以传统农业为代表的维持生计部门，其中资本主义部门是运用再生产性资本进行生产并为此向资本家支付报酬的部分，维持生

---

① 古典经济学派假设"以维持生活的最低工资可以获取无限的劳动力供给"。

② "二元经济"概念最早由荷兰经济学家 J. H·伯克在研究印度尼西亚社会经济时提出，用以形容西方输入的资本主义制度与本地原有的农业社会制度同时并存的社会结构。

③ ［美］阿瑟·刘易斯. 二元经济论［M］. 北京：北京经济学院出版社，1989：3 - 10.

计部门的不同之处在于它不使用再生产性资本；第二，资本和自然资源是稀缺的，而人口数量众多，以至于维持生计部门的劳动边际生产率微不足道，为零甚至为负数，劳动力供给是无限的，也就是说，维持生计部门中存在着隐蔽失业，当部门中的过剩劳动力转移至资本主义部门就业时，不会导致维持生计部门总产出量下降；第三，维持生计部门的收入决定资本主义部门工资的下限，但实际工资通常要高于下限水平。基于上述假设，刘易斯指出，经济发展的关键在于资本主义部门的发展，而资本主义部门的发展不断地从维持生计部门源源不断地吸纳剩余劳动力，使得资本主义部门的产出增加，资本形成越来越大，这一扩张过程会一直持续下去，直至维持生计部门的剩余劳动力消失为止，此时二元经济结构消除，这一临界点即为"刘易斯拐点"。

刘易斯认为，剩余劳动力流向资本主义部门是工业资本积累和扩张的前提，而"二元经济"劳动生产率差异造成的工资差距是吸引劳动力向资本主义部门流动的主要原因。以"刘易斯拐点"为分界线，刘易斯将经济发展过程划分为两个阶段：在第一阶段，维持生计部门剩余劳动力的供给是完全弹性的，在劳动力自由流动的前提下，只要资本部门工资高于维持生计部门，就可以吸纳无限的劳动力；在第二阶段，劳动力由剩余资源演变为短缺资源，劳动力由无限供给转变为有限供给，农业部门的劳动力生产率逐步提升，城乡经济差距逐渐缩小，二元经济并存的异质结构转换为同质结构，不发达经济转变为发达经济。二元经济理论的基本思想如图2-1所示。

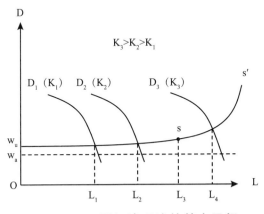

图2-1　二元经济理论的基本思想

图2-1中，ss′为劳动供给曲线，k为物质资本积累，D(K)为劳动曲线，w_a是维持生计部门的工资水平，w_u是资本主义部门工资，s点为刘易斯拐点。刘易斯认为，在经济发展的初期，发展中国家维持生计部门劳动力数量多但生产率较低，由此出现大量农村剩余劳动力，资本部门在扩张的过程中只要资本部门提供稍高于生存工资的既定工资，就可从维持生计部门吸纳无限的剩余劳动力。由图可见，刘易斯拐点以前的劳动供给曲线具有完全弹性，说明在高于w_a工资水平的吸引下，劳动力可无限供给，这一阶段的劳动力资源丰富，资本相对稀缺，资本部门在既定工资情况下将利润转变为再投资。伴随着剩余劳动力向资本部门逐渐转移，维持生计部门的剩余劳动力规模

不断缩减，直至全部被资本部门吸纳完，此时经济发展进入第二阶段，这一阶段的劳动力与资本同样稀缺，倘若资本部门继续扩张，就无法按照原有的既定工资吸纳到劳动力，劳动工资将随市场供求变化而变动，s 点以后的劳动供给曲线向右上方倾斜，说明要雇用到大于 L_3 数量的劳动力就必须支付高于 w_u 的工资，此时劳动力无限供给不再存在，二元经济结构间的差距缩小，最终演变为一元结构。

刘易斯首次系统地提出二元结构分析法，为分析发展中国家的经济增长问题开辟了新的思路和方向，还成为了劳动力转移研究的经典范式。刘易斯基于古典框架，从宏观层面上阐释了发展中国家经济发展的动力、机制与过程，揭示了劳动力转移的机制及其所依附的产业基础，对发展中国家如何转移农村剩余劳动力具有借鉴意义。二元经济模型提出以后，在学术界引发了广泛争论，赫西门、斯特安等学者对模型给予了高度评价和肯定，刘易斯则因在发展经济学中的杰出贡献获得了1979年的诺贝尔经济学奖。同时，理论不尽完善之处也招致了多方质疑，二元经济论的缺陷和批评可大致概括为以下几点：

（1）二元经济论认为经济增长和劳动力转移的根本动力在于资本积累，劳动力流动的唯一途径是由农业部门向资本部门转移，但其忽视了农业部门的积累及其在经济增长中的贡献。

（2）二元经济论关于"农业部门剩余劳动力无限供给"的假设令人难以接受。尽管发展中国家传统农业的劳动力边际生产率较低，但其内部资源是合理分配的，因而不可能存在边际生产率为零的剩余劳动力（Schultz，1964）。刘易斯不仅忽略了农业生产不同季节对劳动力的弹性需求，也没有考虑农业部门的其他就业机会。

（3）二元经济论仅假定农业部门存在隐性失业，没有考虑城市部门可能存在的失业问题。实际上，发展中国家的城市中存在着较为严重的失业现象（Todaro，1969），大量事实证据削弱了该理论的解释力。

（4）二元经济论关于"资本—劳动的比例保持不变"的隐含假设与现实不符。现实中，伴随着技术进步，资本部门扩张时所需的劳动力呈现递减趋势，而非刘易斯所描述的那样持续和迅速。

（5）在二元经济论中，工资不是由劳动供求关系的内生决定，而是在人口数量特征基础上依据特定的制度安排而外生决定（Ranis，2004；蔡昉，2015），这与价值规律不符。

（6）过分强调劳动力的重要性，忽略了二元经济结构转换中其他生产要素的作用，如土地、技术等要素。

2. 拉尼斯—费景汉模型

费景汉（G. C. H. Fei）和拉尼斯（G. Ranis）指出刘易斯理论的两个缺陷：一是忽视了农业部门在工业扩张过程中的重要作用，二是尚未注意到农业剩余劳动力转移的重要前提是农业生产率提高。针对刘易斯理论的不完善之处，费景汉和拉尼斯在 1961 年发表的论文中补充和修正了刘易斯的二元经济论，构建了一个更为精细的劳动力转移模型，被称为拉尼斯—费景汉模型。1964 年，费景汉和拉尼斯合著了《劳力剩余经济的发展》（*Development of The Labor Surplus Economy*）一书，不仅将刘易斯提出的两阶段模型扩展为三阶段模型，而且在刘易斯的基础上对农业剩余劳动力进行重新界定，将边际生产率介于零与不变制度工资之间的隐性失业者补充至农村剩余劳动力的范围之内。

费景汉和拉尼斯指出，农业部门在经济发展过程中既可提供剩余劳动力，又能提供农业剩余，农业生产率提高所产出的农业剩余满足了工业扩张对农产品的需求，有利于推动农业劳动力的顺畅转移。基于二元结构分析法，费景汉和拉尼斯构建了一个不同于刘易斯理论的经济增长理论，描绘了经济发展的演进及资源流动的格局。拉尼斯—费景汉模型认为，发展中国家的农业剩余劳动力转移过程可分为三个阶段。其中，在第一阶段，农业部门的劳动力无限供给存在着边际生产率为零的劳动力，劳动力向外转移不会降低农业总产出。由于农业劳动力转移而出现的农产品剩余刚好为流入工业部门的劳动力提供粮食保障，因此不存在粮食短缺问题，劳动力转移不会受阻。在第二阶段，伴随工业部门的发展，农业部门存在的剩余劳动力数量日趋减少，此时农业部门劳动生产率虽大于零，但尚小于既定的制度工资。由此，这一阶段农村部门依然集中着剩余劳动力，此时剩余劳动力向外转移会导致农业总产出降低，致使农业平均剩余低于制度工资。在此情形下，为工业部门提供的农产品不足以按制度工资供养工业部门就业者，这直接导致农产品价格上升及工业部门劳动力报酬上涨。由工资上涨引发的劳动力成本提升压缩了工业部门的利润空间，工业扩张的速度受此影响逐渐放缓甚至停滞，农村部门的剩余劳动力转移因此受阻。在第三阶段，农业部门完全没有剩余劳动力，此时劳动生产率大于不变的制度工资，农业部门和工业部门的工资水平均取决于边际生产率的高低，这一阶段的劳动力转变成为竞争性商品，劳动力流动不再受阻，而是基于边际效益最大化原则在整个市场中进行优化配置。农业部门实现商业化转变，由传统部门转变为现代部门，二元经济结构消失。

拉尼斯—费景汉模型的基本思想如图 2 – 2[①] 所示。图 2 – 2 (a) 表示工业部门，图 2 – 2 (b) 和图 2 – 2 (c) 表示农业部门。图 2 – 2 (a) 中，横轴 OW 代表劳动力，纵轴 OP 代表边际物质生产率 (MPP)，工业部门的劳动力就业量由劳动需求曲线和劳动供给曲线共同作用决定。MPP 曲线则取决于与劳动力相关的资本存量规模，资本存量规模扩大导致 MPP 曲线向右移动。劳动供给曲线开始时处于水平状态，然后在"刘易斯拐点"之后向右上方倾斜，工业部门的劳动力由无限供给逐渐转

---

① 郭熙保. 发展经济学经典论著选 [M]. 北京：中国经济出版社，1998：173 – 178.

变为有限供给。在图 2 - 2（b）中，横轴 OA 表示农业部门的劳动力，纵轴 OB 表示农业总产出，曲线 ORCX 代表劳动的总物质生产率（TPP），其中的凹形部分 ORC 由陡变缓，说明农业部门的劳动边际生产率逐渐下降，水平部分 CX 说明劳动的边际产量降为零，D 点以后的任何劳动力投入都是剩余的，将剩余劳动力从农业部门抽离不会引起农业产出的变动。对于图 2 - 2（c），横轴 OA 表示农业劳动力，纵轴 OV 表示劳动力的平均产出，ADUV 表示农业部门的边际物质生产率曲线（MPP），AS 表示制度工资。将图 2 - 2（a）、图 2 - 2（b）、图 2 - 2（c）联合起来分析，二元经济中的劳动力配置过程可分为三个阶段：阶段Ⅰ对应的是 MPP ＝ 0 的范围，这时图 2 - 2（b）中的 TPP 曲线是水平的，农业部门存在边际生产率为零的剩余劳动力，处于劳动力可无限供给的状态，这一阶段农业剩余劳动力向工业部门转移不会影响农业总产出，这一阶段存在 AD 数量的剩余劳动力。阶段Ⅱ对应的是 MPP ＞ 0 但小于制度工资的范围，这时农业剩余劳动力的边际产出提高，TPP 曲线的 CR 段由平坦逐渐变得陡峭，这一阶段的农业部门存在 AP 数量的隐形失业。阶段Ⅱ向阶段Ⅲ的过渡是经济发展的重要标志，阶段Ⅲ对应的是 MPP 大于制度工资点（R 点）的范围，劳动对产出的边际贡献等于甚至大于制度工资，农业部门的隐蔽失业者被吸收，农业部门趋于商业化，此时的农业工资由市场决定，以农产品衡量的农业部门实际工资取决于图 2 - 2（c）水平部分 SU 及上升部分 UV 构成的 SUV 曲线，对应每个工资水平，均可从农业部门释放出一定数量的劳动力。

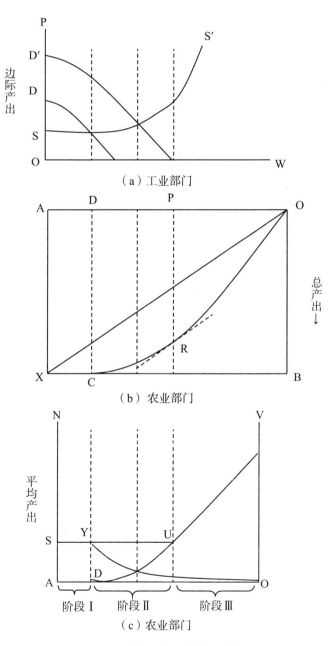

（a）工业部门

（b）农业部门

（c）农业部门

图 2－2 拉尼斯—费景汉模型

拉尼斯—费景汉模型克服了刘易斯忽视农业发展的缺陷，强调农业发展对经济增长的积极作用，阐释了工农业均衡发展对二元经济结构转换的重要意义，分析了技术进步、人口增长及工业资本存量变动对劳动力转移的影响，进一步发展了刘易斯的二元经济论，因其分析沿袭了刘易斯模型框架，也被称为刘—费拉模型。拉尼斯—费景汉模型中的一些假设条件与现实不符，模型主要缺陷具体概括如下：

（1）与刘易斯一样，拉尼斯和费景汉假设农业部门存在失业，而工业部门不存在失业。与模型假设相比，事实上，发展中国家的城市部门存在着日趋严重的失业与就业不足。

（2）拉尼斯—费景汉模型假定工业部门的工资水平取决于农业劳动力的工资，而且是不变的。尽管城市部门存在不充分就业，但工资水平依旧在上升。

（3）拉尼斯—费景汉模型假定农业部门的劳动力工资不会随农业生产率提高而上升，这与现实相悖。实际上，伴随农业生产率的提高，农业就业者的生活条件得以改善。

3. 乔根森模型

基于新古典主义研究方法，乔根森（D. W. Jogenson）基于农业发展和人口增长的视角论述二元结构转换与劳动力转移问题，提出了一个新的二元经济发展理论，即著名的乔根森模型。乔根森将欠发达国家的经济划分为两个部门——以城市工业为代表的现代经济部门和以农业为代表的传统部门，他放弃了刘易斯、费景汉及拉尼斯等人关于农业部门边际生产率为零的假设，也不认为农业部门和工业部门的工资水平是固定不变的。乔根森模型假定农业部门无资本积累，土地的数量是固定的，农业产出取决于劳动投入；工业部门的产出取决于资本和劳动两种生产要素；在技术的推动下，两个部门的产出将随着时间推移自动增长；技术进步为中性。

基于上述假设，乔根森认为，劳动力转移依赖于农业发展和人口增长，并依据二者的关系阐释了劳动力转移问题，基本思想可以概括为：（1）农业剩余是农业产出增长大于人口最大增长的结果。假设农业产出以粮食的形式表现，人口增长取决于人均粮食供给，当人均粮食产出与人口同比例增长时，农业产出的增量被增长人口消耗掉，此时没有农业剩余，不存在农业劳动力流动；当人均粮食产出超过人口最大增长率时，粮食供给能够满足人们的需求，这时农业剩余出现。（2）农业剩余是工业部门扩张及劳动力转移的前提条件。乔根森认为农业部门不存在剩余劳动，一国经济即便呈低水平均衡状态，人口增长也可带动农业产出的上升，只有农业剩余的产生会释放总人口中的一部分到工业部门就业。农业劳动力转移的规模与农业剩余规模密切相关，随着农业剩余的增加，转移到工业部门的农村劳动力数量将越多，越有利于促进工业部门的发展。（3）伴随着技术进步和资本积累率的提升，工业部门的工资水平是不断提高的。为吸引农业劳动力向工业部门转移就业，工业部门提供的工资水平高于农业部门的工资，由于劳动生产率的提高，农业部门的工资水平也将不断提高，两部门间的工资差异比率是固定的。

乔根森模型将新古典理论应用到二元经济问题中，从人口增长和农业剩余的角度揭示劳动力转移动因，更加重视农业发展和技术进步。但同时，乔根森模型关于粮食需求收入弹性为零的假设招致了大量批评，并且忽略了城市失业及农业部门的物质投资。

4. 托达罗模型

上述理论主要考察传统部门与现代部门间的结构性差异，从宏观层面上考察社会结构失衡与制度约束对劳动力转移的影响（程名望，2008）。然而，进入 20 世纪六七十年代，发展中国家中的大量农村劳动力涌入城市，导致城市部门出现严重失业。面对城市失业背景下的劳动力持续转移情况，刘—费拉模型无法作出有效解释，招致了许多批评。由此，托达罗模型应运而生。

20 世纪 60 年代末 70 年代初，托达罗（Michacl P. Todro）先后发表了《欠发达国家的劳动力转移与城市失业模型》《人口流动、失业和发展：两部门分析》等经典论文，提出一个适用性更强的劳动力转移模型。托达罗模型基于发展中国家城市非充分就业的现实基础，从劳动力转移决策的微观视角分析劳动力转移问题。托达罗指出，由于发展中国家的城市存在普遍失业，农村劳动力转移时不仅要考虑城乡收入差距，还须考虑城市就业率。劳动力转移是经济发展的内生现象，城市移民人数猛增是农村人口对预期城乡收入差距（等于城乡工资差距与城市就业概率的乘积）扩大的反应。城乡预期收入差距越大，农村劳动力转移的数量越多，反之则越少。在较长的时间范围基础上，农村劳动力转移规模是预期城乡收入差异贴现净值的函数。作为理性的经济人，当预期城乡收入差异贴现净值大于零，农村劳动力会向城市转移，城市净流入人口增加；反之，当期城乡收入差异贴现净值小于零时，农村劳动力不转移，城市净流入人口数量不再增加。托达罗认为，缓解城市失业压力不能依靠工业扩张，重要的是鼓励农村综合开发。加强农村经济的发展是解决城市失业和缩小城乡差距的根本途径。

托达罗模型从城乡比较经济利益的角度较好地揭示了劳动力迁移的动因，阐释了城乡均衡发展的重要意义，提出了解决发展中国家失业问题的措施，更符合发展中国家的现实。但是，托达罗将农村劳动力转移归因于城乡预期收入差距，未考虑非收入预期因素的影响，显然不够全面。统筹考虑非收入预期因素对增强托达罗模型理论解释力尤为必要和重要。本书将在后续部分针对托达罗模型忽视非收入预期因素的局限进行修正，此处不再赘述。

2.1.2 新劳动力迁移经济学

20 世纪 80 年代以后，由斯塔克等人提出并命名的新劳动力迁移经济学兴起。新劳动力迁移经济学弥补了传统劳动力转移理论对农业生产和迁移家庭关注不足的缺陷，阐释了农村家庭生产经营和相对经济地位对劳动力转移决策的影响机理，是对传统劳动力转移理论的重大发展（杜鑫，2008）。

与传统劳动力转移理论以个人为决策主体不同，新劳动力迁移经济学认为家庭是作出迁移决策的主体，目的是实现家庭预期收益最大化和家庭风险最小化（Stark，1991）。为此，城乡收入差距只是劳动力转移的必要条件，劳动力转移决策还受到个人因素、家庭因素及周围社会环境的影响。在新劳动力迁移经济学看来，家庭成员的迁移主要是为了应对收入不稳定而进行的自我保护（朱农，2005）。新劳动力迁移经济学的基本思想简单概括为以下几点（伍山林，2014）：（1）迁移是农户家庭理性选择的结果；（2）汇款是维系外迁劳动力与留守成员关系的重要纽带；（3）迁移是一种分散风险的行为选择；（4）迁移是一种提高家庭相对经济地位的行为选择。具体地，新劳动力迁移经济认为，包括风险转移、经济约束及相对贫困在内的三种家庭效应会影响劳动力迁移决策（Stark and Bloom，1985；石智雷，2013）。

1. 劳动力迁移和风险多样化

斯塔克认为，农业生产活动具有其特殊性，易受自然灾害、价格波动等不确定性因素的影响，对农业收入的影响较大。农业收入的多变性将直接削弱家庭福利，不利于农民的生产和消费。在发达国家，可通过信贷或保险市场规避农业经营性风险，降低损失程度。但是，发展中国家普遍缺乏完善、成熟的信贷市场和保险市场。为分散家庭经营风险，最有效的替代方法是将家庭劳动力配置在不同地区、不同性质的劳动力市场上，其中，一部分家庭成员迁往城市以赚取工资性收入较为常见。血缘关系和契约安排将外迁劳动力和留守劳动力牢固地结合在一起，他们共享收益、共担风险，收入具有较强的互补性和负相关性。家庭留守成员会为外迁成员提供资助，外迁劳动力有义务将其工资收入寄回农村家中，以此弥补农业经营的部分损失，改善家庭资本积累。斯塔克和卢卡斯的实证研究发现，在干旱年份，以种植业为主要收入来源的家庭收到的汇款数额明显上升（Stark and Lucas，1988）。在这种情况下，劳动力转移决策不再依赖于城乡收入差距，而是出于一种分担家庭经营风险的策略，或者是信贷和保险市场不完善时克服预算约束的一个资金来源。由此，斯塔克认为，建立并完善农村信贷和保险市场以降低农业经营风险，比缩小城乡收入差距更加有效（Stark，1991）。

2. 劳动力迁移和收入分布

收入分布和劳动力转移之间的关系是新劳动迁移经济学的重要议题，主要涉及两个问题：一是迁出地收入分布对劳动力转移倾向的影响，二是劳动力迁移对迁出地收入分布的影响（朱农，2005）。

关于迁出地收入分布对迁移的影响，新劳动力迁移经济学引入"相对剥夺"概念，将劳动力迁移解释为个体对相对剥夺的一种反映（Stark，1984；Stark and Taylor，1989）。这里的相对剥夺体现为个体的相对贫困感，相对贫困的程度由个体或家庭在其社区内所处的相对经济地位及社区的收入分布情况决定。斯塔克假设：给定家庭初始收入，相对贫困度是社区收入分布的函数；劳动力迁移有利于改善家庭在社区的收入分布状况。越是处于社区收入分布低端的人们，相对贫困度越高，迁移动机也越强烈。这就解释了为什么有些富余地区的农户，尽管他们的家庭绝对收入高于贫困地区的收入，但是依然具有强烈的迁移动机。在此情况下，家庭成员选择迁移既是为了增加家庭收入，也是为了提高家庭的相对经济地位，缩小与参照群体之间的收入差距（伍山林，2014）。

新劳动力迁移经济学提出之前，学术界关于迁移对迁出地收入分布影响的研究存在一定争议。多数研究认为，外迁劳动力的收入虽然可提高家庭的总体收入水平，但是也加剧了农村地区的收入不平等。也有学者得出不同结论，认为外迁劳动力的汇款可以缓解农村地区的收入不平等。斯塔克等人指出，发展中国家的农业人口占比很大，农村收入不平等是社会不平等的重要体现。劳动力迁移对迁出地收入分布的影响反映的是农村经济增长与社会平等之间的关系。伴随劳动力迁移的推进，收入分布趋于均匀，社会整体相对贫困度下降，整体社会福利得以提升。依据斯塔克的观点，就抑制劳动力迁移动机而言，削弱农户家庭之间的收入不平等，以此减少整体的社会相对贫困度，可能会比缩小产业间的收入差距更为有效。

2.1.3 人力资本理论

在传统的劳动力迁移理论中，始终未提及迁移者的选择性问题，即：为什么有些人迁移而有些人没有迁移？20世纪60年代之后，人力资本理论迅速发展，经济学家开始将人力资本理论用于劳动力迁移的分析和解释，以此来解释劳动力迁移选择问题。

1962年，沙斯特德（Sjaastad）发表了一篇题为《劳动力迁移的成本与收益》的论文，阐释了劳动力迁移引发的成本和收益。假定不存在劳动力迁移障碍，劳动市场信息充分，迁移者依据利益最大化原则进行经济活动。沙斯特德将劳动力迁移视为一种人力资本投资，认为劳动力付出迁移成本是为了在未来获得更多预期收益，潜在迁移者可通过理性估算来决定是否迁移。在劳动力迁移过程中，除了受收入差距的影响，还易受年龄结构、教育程度、人脉关系、迁出地和迁入地的失业率等因素的影响。

舒尔茨（W. Schults, 1964）在其著作《改造传统农业》中肯定了农业发展的重要性，认为改造传统农业是二元经济结构转换的有效途径。他批评了刘易斯对农业部门劳动力无限供给的假设，认为农村不存在"剩余劳动力"，应纠正对欠发达国家传统农业的误解。舒尔茨指出，传统农业在欠发达国家占据主体地位，在一定的农业技术条件下，传统农业虽然落后并存在局部剩余，但农业部门的劳动力是有效利用的，减少劳动力投入将会降低农业生产率，破坏农业生产。只有加强人力资本投入，改善农业技术结构，才能在减少劳动力数量的同时不影响农业生产的正常进行。舒尔茨指出，"在处理成本、报酬和风险时，农民是精于计算的经济人"，经济理性在劳动力转移决策过程中发挥着决定性作用。劳动力转移在某种程度上是一种人力资本投资途径，农村劳动力是否转移取决于对收益和成本的衡量，当转移的净收益大于零时，农村劳动力转移的动力较强；反之，则越弱。在诸多影响劳动力转移的因素中，人力资本存量（如文化素质、技术素质等）的作用非常关键。农村劳动力的人力资本存量越高，获得的预期收益也就越高，转移的可能性也越大。

人力资本投资理论综合考虑了劳动力转移的成本和收益，以此评估劳动力城乡转移的选择性问题。但是，该理论假设迁移者是信息完全的，这一点与现实不符。

2.1.4 推拉理论

推拉理论是研究人口迁移动因的重要理论。对于推拉理论的研究，最早可追溯至 19 世纪。1885 年，雷文斯坦（E. G. Ravenstein）发表了一篇题为《人口迁移之规律》的论文，提出人口迁移的七条规律：（1）人口迁移大多为短距离迁移，迁移方向为商业发达城市；（2）流动人口先迁移到城镇边缘地带，然后向城镇里面迁居；（3）全国各地的人口流动基本相同，即农村人口向城镇集中；（4）每次大规模的人口迁移会带来作为补偿的反向流动；（5）长距离的流动基本是流向大城市的；（6）与农村居民相比，城市居民的流动性低很多；（7）女性的流动率高于男性。雷文斯坦的人口迁移规律被视为推拉理论的渊源。

继雷文斯坦之后，赫伯拉（Herberla，1938）和米切尔（Mitchell，1946）正式提出推拉理论，将人口迁移归结为原住地推力与目的地拉力相互作用的结果。其中，原住地的推力主要表现在就业不充分、资源稀缺、基础设施匮乏、人际关系紧张、自然灾害等方面，这些因素导致人口向外迁移；目的地拉力则主要体现在良好的就业机会、较高的工资水平、健全的公共基础设施和福利等方面，这些因素促使人口迁入。

在拓展前述思想的基础上，博格（D. J. Bogue，1959）完整地概括了导致人口迁移的推力因素和拉力因素，系统地提出人口迁移推拉理论。博格用运动学的观点解释人口迁移行为，认为人口迁移是原住地推力与目的地拉力两种力量共同作用的结果，并认为由强烈推力刺激的人口迁移较强烈拉力刺激的人口迁移选择性更小，当仅存强烈推力时，人口迁移的选择性最小。简而言之，要促使人口迁移，目的地的"拉力"必定大于原住地的"推力"，否则人口不会发生流动。

在博格的理论基础上，李（E. S. Lee，1966）在原有解释框架内补充了中间障碍因素和个人因素，将影响人口迁移的因素归结为迁入地因素、迁出地因素、中间障碍因素[1]及个人因素四个方面。迁入地和迁出地各有其推力和拉力。当迁出地的推力总和大于拉力总和以及迁入地的拉力总和大于推力总和之时，人口迁移行为发生。李进一步丰富和完善了人口迁移的解释框架，使得推拉理论更为系统和详尽。

综上所述，推拉理论对人口迁移的分析框架则较为宽泛和全面，既包括经济因素，又涵盖自然环境、居住环境、人际关系、基础设施等非经济因素，开辟分析劳动力转移的新视角。

---

[1] 中间障碍因素主要包括距离远近、物质障碍、语言文化差异及移民本人对以上因素的价值判断等。

不过，也有学者批判推拉理论对劳动力转移过程的描述性分析过于简化，缺乏充分论证和深层分析[①]。此外，推拉理论建立于美国经验的基础上，能否适用于其他国家仍有待验证。

2.1.5 马斯洛需求层次理论

需求层次理论是解释人类行为动机的经典理论，由美国著名心理学家亚伯拉罕·马斯洛（Abraham Harold Maslow）创立。该理论的建立基于三个基本假设：（1）人是一种追求完全需求的动物，且只有未满足的需要能够影响行为，已满足的需要不能充当激励因素；（2）按照重要程度，可将人的需要排列成一定的次序；（3）人的某一级需要得到最低程度的满足以后，会自动追求更高一级的需要，如此逐层上升，成为推进个人继续努力的内在动力。

马斯洛将人的需求归为五层，由低到高排列，像金字塔一样。依照需求的重要程度排序，这些需求分别是：

（1）生理的需求，是人类生存的最基本、最原始的需求，是推动力最强大的需求。主要体现在衣、食、住、行、性欲、健康等方面。

---

① 在许多批评者中，较为著名的一个是托马斯（Brinley Thomas），他在《迁移与经济增长》一文中的批判击中了这个理论的要害，认为"仅仅用个别的原因不足以说明从一国迁往另一国的动因"。

（2）安全的需求，是关于免除危险和威胁的保障性需求，需求层次略高于生理需求。主要体现在人身安全、生活稳定、劳动保障、免遭意外伤害等方面。

（3）社会的需求，属于较高层次的需求，主要体现为对归属感、友谊、爱情、志趣、理解、隶属关系等的需要。

（4）尊重的需求，同样属于较高层次的需求，是对自尊和被尊重的需要。主要体现在权威、价值、地位、晋升机会等方面。

（5）自我实现的需求，属于最高层次的需求，是指充分发挥潜能、追求自我价值并不断自我创造和发展。当上述四项需求相继满足，自我实现需求才会产生，故其是一种衍生性需求。

马斯洛认为，上述需求每个人不一定都能实现。通常来说，层次较低的需求越容易满足，而层次较高的需求则不易满足。在现代社会中，生理需求得以满足的概率为85%，安全需求得以满足的概率为70%，社会需求得以满足的概率为50%，尊重需求得以满足的概率为40%，自我实现需求满足的概率为10%（唐任伍，2015）。同时，马斯洛也明确指出，在很多情况下，需求的层次等级并非是刻板固定的，往往是并行不悖、相互兼容、互相作用的，并非是在一个需求完全满足之后才会相继产生另外的需求。对于大部分人来说，全部需要都获得了部分满足，也即存在一个实现程度的百分比。

需要说明的是，多数人的需求情况与国家经济发展和教育普及密不可分。著名心理学家戴维斯曾就美国的情况进行了预估（见表2－1）。可见，随着生产力发展及教育事业普及，具有高层次需求的人数大幅增加，而具有低层次需求的人数则逐渐减少（张国钧，1987）。

表2－1　　戴维斯对美国不同需求层次人数占比的预估　　单位：%

需求层次	某层次需求人数占总人数的比重		
	1935 年	1972 年	1995 年
生理需求	35	>20	5
安全需求	45	<20	15
社会需求	10	<60	24
尊重需求	7	>1	30
自我实现需求	3	>1	26

资料来源：张国钧. 管理心理学与行为科学导论［M］. 北京：北京航空学院出版社，1987.

作为行为科学的重要基础，马斯洛需求层次理论的提出使得理论界对动机的关注点转向对人性的探讨和理解，为理解个体行为动机提供了最具洞察力的观点。

2.2　国内研究现状与评述

与西方国家相比，我国的劳动力转移相关研究起步较晚。

20世纪80年代之前，由于国内粮食供应不足、经济发展水平较低及城乡隔绝体制尚未破除等原因，国家严格控制农村剩余劳动力流动（邓大松、孟颖颖，2008）。这一时期，研究农村劳动力转移的文献不多，已有研究较多地集中于探讨农村劳动力转移的必然性和转移途径（模式）。20世纪80年代末到90年代中期，农村劳动力转移政策逐步松动，城市经济蓬勃发展，大量农村劳动力从农业生产领域释放出来，农村劳动力转移快速推进。这段时期，关于农村劳动力转移的专门研究开始起步，研究深度和广度不断拓展（张永丽、黄祖辉，2008）。20世纪90年代中期以来，伴随着劳动力转移规模和范围的扩大，学术界针对农村劳动力转移问题进行了大量的社会调查和论证分析，对多学科、专题性研究格局全面形成，取得了丰富的研究成果。

农村劳动力转移研究涉及内容复杂且宽泛。结合研究主题，在对劳动力转移研究现状进行梳理分析时，重点回顾和梳理有关农村劳动力转移影响因素的相关成果具体如下。

2.2.1 农村剩余劳动力的测度研究

弄清农村剩余劳动力的数量是相关研究的出发点（袁铖，2003）。目前，学术界对农村剩余劳动力数量的估算方法和计算口径尚存分歧，估算方法可概括为六种：第一种是简单计算法，即直接计算农村剩余劳动力的数量。陈扬乐（2001）利用农村从业人员总量减去农业劳动力实际需求量估算农村剩余劳动力数量，估测 2000 年我国农村剩余劳动力的数量约为 16554万人，陈锡康（1992）则预测我国 2000 年的农村剩余劳动力的数量为 15913 万人。第二种是劳均耕地面积法，通过计算有效劳动数量与土地资源的比例来估算农村剩余劳动力的数量。采用劳动—耕地比例方法，胡鞍钢（1997）估计 1995 年我国农业剩余劳动力数量为 17518 万人；陈扬乐（2001）估算认为，截至 1997 年底，我国农业剩余劳动力数量将达 17863 万人。第三种是生产函数法，依据利润最大化原则配置经济系统所需的生产要素数量，由此推算剩余劳动力数量。刘正鹏（1987）采用对数线性生产函数，估计我国 1980 年的农村剩余劳动力数量为 14982 万人；张海波（2016）采用改进的比较劳动生产率法，估测我国 1980 年的农村剩余劳动力数量为9586.59 万人。第四种是国际比较法，通过对农业劳动力比重、产值比重等指标进行国际间的比较测算我国农村剩余劳动力的具体数量。宋林飞（1996）基于简单国际比较法和钱纳里模型，估测我国 1996 年的农村剩余劳动力数量达 2.7 亿人；侯鸿翔、王媛等（2000）采用国别比较分析法，认为近 20 年来我国农业隐性失业率约为 15%～20%。第五种是两部门法。在市场一般均衡状态下，农业部门和非农部门的劳动报酬应该相同，城乡居民收入是相等的。侯风云（2004）基于城乡比较利益的角度，估计 1999 年我国农村剩余劳动力规模为 13772.4 万人；夏兴园、赵明岚（2004）基于行业利润趋于平均化的原理，估算我国 2002 年农村潜在剩余劳动力的数量约为 1.5 亿人；胡奇（2012）采用两部门法，认为在土地自由流转的情况下，2009 年我国农村剩余劳动力的数量可达约 3.4 亿人。第六种是总量分解法，通过分解农村劳动力总量计算农村剩余劳动力数量。王诚（1996）用农村就业总量减去乡镇企业就业量、私营企业就业量、个体劳动就业量、流入城市岗位就业量、农业资源可容就业量计算得出农村隐形失业量，估算 1994 年我国农村隐蔽失业劳动力数量达 1.38 亿人；蔡昉（2007）基于年龄结构和就业结构对农村劳动力总量进行分解，估算目前我国的农村剩余劳动力数量不足 1.2 亿人；马晓河、马建蕾（2007）基于年龄、性别和文化程度三个方面对农业从业人员结构进行分解，估算当前我国农村剩余劳动力数量约为 1.1 亿人。

除上述测算方法以外，估算农村剩余劳动力数量的方法还有劳动投入法、技术效率法、统计指标对比法、数理与计量经济模型法、综合法等。由于理论依据和测算思路不同，各种方法估算的结果也相去甚远。对于我国农村剩余劳动力数量的详细测度，较为权威的是全国农村固定观察点公布的数据（程名望，2007）。截至目前，我国农村富余劳动力的数量约为 1.5 亿人。

2.2.2　农村劳动力转移的影响效应研究

农村劳动力转移的影响效应是学术界关注的重要课题。由于劳动力转移牵涉面较广,由此对经济的影响是多方面、深层次的。总体来看,学术界对劳动力转移的影响效应研究主要集中于以下五个方面。

一是农村劳动力转移对经济增长的影响研究。劳动力转移是经济发展过程中出现的必然现象,是经济增长的重要源泉。结合我国的经济实践,学者们展开了广泛研究。蔡昉、都阳(2004)通过分析转型期的劳动力流动现象指出,劳动力流动引起的一系列发展效应(如资源重新配置效应、保持比较优势效应、填补岗位"空白"效应、促进城市建设效应)是促使整个经济由乡村和农业为主导的社会转向城市化和工业化社会的重要动力。刘秀梅、田维明(2005)构建生产函数,估计不同部门劳动力配置的边际生产率,指出农村劳动力转移可明显改善农村劳动力的边际生产率,农村劳动力转移对经济增长具有积极贡献。张勇(2009)基于实证分析指出,劳动力转移是城市经济增长、社会繁荣及就业率提升的重要动力来源。贾伟、辛贤(2010)基于一般均衡的方法分析劳动力转移对国民经济增长的贡献,指出劳动力转移促使各产业部门增加值提升、国内生产总值(GDP)上升。张广婷、江静(2010)进一步分析劳动力转移对各地区经济增长的影响，指出劳动力转移对中部地区劳动生产率提高和 GDP 增长的影响超过东部地区，西部地区收益最少。运用指数分离法，赫大明（2016）将劳动力转移效应从经济增长中分离出来，研究结果指出，农业劳动力转移是 20 世纪 70 年代以来我国经济增长的重要源泉，未来 10 年劳动力转移依然对经济增长的贡献会继续持续，2025 年后逐步衰减。

二是农村劳动力转移对城乡收入差距的影响研究。传统理论认为，在没有任何流动障碍的情况下，巨大的城乡收入差距是促使劳动力城乡转移的决定因素，反过来劳动力转移也有利于缩小城乡收入差距（袁志刚、李娜，2012）。结合我国的现实情况，学术界就劳动力转移对城乡收入差距的影响研究尚存分歧。一些学者认为，劳动力转移可以发挥改善城乡收入差距的积极作用。孙文凯、路江涌等（2007）利用农村固定观察点数据研究我国农村收入流动，认为外出打工可改善低收入家庭的收入情况，有助于缩小城乡收入差距。万晓萌（2016）基于实证分析指出，劳动力转移不仅能够缩小区域内的城乡收入差距，还可通过空间溢出效应间接影响相邻地区的城乡收入差距。此外，也有学者持不同观点，认为劳动力转移并不能缩小城乡收入差距。蔡昉（2005）认为，由于户籍制度的制约，我国农村劳动力不能实现永久迁移，故而不满足缩小城乡收入差距的基本条件。蔡昉、王美艳（2009）进一步分析指出，如果能削弱劳动力流动面临的制度障碍，通过劳动力市场上的初次分配改善城乡收入分配状况，劳动力流动就能导致城乡收入差距缩小。基于农村人力资本外溢性视角，朱长存、马敬芝（2009）认为农村劳动力转移不是缩小城乡收入差距的充分条件。单纯依靠农村劳动力转移难以缩小城乡收入差距，还需要配合更多综合措施（张庆、管晓明，2006）。

三是农村劳动力转移对农户收入增长的影响研究。劳动力转移对农民收入的积极影响基本已经被广大学者所证实。李实（1999）通过实证分析指出，农村劳动力向城市转移就业对于外出打工户的家庭收入增长具有积极作用。都阳、朴之水（2003）分析认为，贫困人口地区的劳动力转移是缓解贫困的一种重要方式。孔祥利、毛毅等（2009）基于社会保障视角认为，从长期来看，农村劳动力转移有利于农民增收。杨渝红、欧名豪（2009）基于土地经营规模视角指出，在现有的农业生产条件下，务农收益较低，加快农村劳动力转移是加快农民增收的重要路径。李宾、马九杰等（2015）研究指出，劳动力转移对农户家庭人均收入具有积极影响。

四是农村劳动力转移对粮食生产的影响研究。伴随农村劳动力转移规模的扩张，我国粮食生产是否受农村劳动力转移影响以及影响程度到底多大，引起学术界的广泛关注。当前，关于劳动力转移对农业生产的影响，既有研究尚未形成一致结论。其中，一些学者认为劳动力转移会对粮食生产带来一定的负面影响。例如，吕新业（2003）认为，伴随农村劳动力转移，实际从事农业生产的人员（以妇女和老人为主）素质普遍偏低，粮食生产由精细种植倒退为粗放种植，这会直接降低粮食的综合生产能力，最终演化为粮食安全的不稳定因素；蔡昉（2008）指出，在劳动力短缺、外出务工收益提高及务农收益降低的形势下，将会造成耕地撂荒、粗放耕作等现象，不利于农业可持续发展；洪传春、刘某承等（2014）通过实证分析指出，农村劳动力进城务工、从事非农产业等引致的劳动力投入不足会降低粮食生产效率，潜在的粮食安全风险不容小觑。也有学者持乐观态度，认为劳动力转移未必会危及粮食安全。例如，程名望等（2013）基于实证分析指出，农村劳动力转移对我国粮食主产区的粮食生产没有显著影响；马林静等（2014）基于粮食生产分异的视角，认为农村劳动力非农转移改变了以劳动力为基本投入的传统农业资源配置格局，能有效提高粮食生产技术效率；钟甫宁、陆五一等（2016）基于理论和实证两个方面分析劳动力转移对粮食生产的影响，认为只要耕地适合于机械化作业，农村劳动力外出务工不会对粮食生产造成负面影响，反而会促使农户调整投入结构和种植结构，起到促进粮食生产的作用。

五是农村劳动力转移对农村、城市发展的影响研究。农村劳动力转移与城乡发展相辅相成、相互影响。关于劳动力转移对农村发展的影响，学术界尚存分歧。其中，一些学者持肯定态度，认为农村劳动力转移是新农村建设的重要前提（张车伟，2006）。农村劳动力转移可为农业发展和农户消费提供资金支持，促进耕地资源的合理配置（武国定、方齐云，2006），推动农业机械化发展（周晓时，2017），对农户脱贫致富具有积极意义（陈华林，2004）。当然，也有学者持不同观点，认为农村劳动力转移对农村发展存在诸多负面影响，一方面，农村劳动力转移会降低农业资本投入和土地租入（杜鑫，2013），不仅不利于耕地集约利用（王雨濛、杨志海，2013），还会阻碍农业生产经营组织的创新（李宾、马九杰，2014）；另一方面，大量农村劳动力向城市转移，农村地区面临"空巢村"的隐忧（彭迈，2008），留守儿童的教育令人堪忧（张艳华，2016）；此外，农村劳动力转移会弱化村级组织治理能力，降低村级组织的凝聚力（张艳华，2016）。关于劳动力转移对城市发展的影响，学术界也进行了大量研究。多数学者肯定了农村劳动力转移对城镇发展的积极贡献，认为农村转移劳动力流入城市有利于拓宽流入地的市场容量，促进流入地经济繁荣（陈华林，2004），是城市经济增长和就业率上升的重要动力源泉（张勇，2008）。但是，也有部分学者指出农村劳动力转移对城市发展存在负面影响，农村劳动力转移不仅会挤压城镇人口就业空间（曲秉春、金喜在，2012），还会在某种程度上引起城市社会不稳定（周天勇，1999），对社会治安、社会整合、社区管理、劳动力市场秩序及环境治理等方面形成压力（李晓春、马轶群，2004；胡武贤、林楠等，2006）。

除了上述提及的影响效应外，学术界还就农村劳动力转移对农地流转（洪炜杰、陈小知等，2016）、乡村文化转型（孙天雨、张素罗，2014）、农村家庭人口生产偏好转变（李志俊、郭剑雄，2011）、农户教育支出（王小龙、兰永生，2010）、农户消费和投资（杜鑫，2010）、农户农业技术选择（展进涛、陈超，2009）等方面的影响进行了探讨。

2.2.3　农村劳动力转移的动因及影响因素研究

就农村劳动力转移动因及影响因素的相关研究来看，主要集中在以下几方面。

一是个体特征对农村劳动力转移的影响研究。就个体特征而言，学术界主要考察性别、年龄、婚姻状况、人力资本、社会资本、务工年限、职业类别等因素对农村劳动力转移决策的影响。性别方面，学者们普遍认为男性的转移概率高于女性（赵耀辉，1997；蔡昉、都阳，2002；程名望、史清华等，2006）。年龄方面，部分学者认为，年龄越大的农村劳动力转移的概率越小（赵耀辉，1997；程名望、史清华，2010）；也有学者认为劳动力迁移对迁移个体的素质、工作经验、经济实力及收入预期等方面均有一定要求，省际迁移意愿最强的并非年龄较小者，而是年龄介于40～49岁及30～39岁的农村劳动力（朱农，2005）；还有学者认为年龄对劳动力转移决策没有显著影响（黄宁阳、龚梦，2010）。婚姻状况方面，相对于已婚者，未婚农村劳动力的转移概率更高（朱农，2005；郭震，2014）。人力资本方面，受教育年限、身体健康状况、职业技能水平等人力资本积累水平越高，农村劳动力转移的概率越大（朱熠，2008；郭震，2014）；反之，较低的人力资本积累水平会制约农村劳动力进入城市高层次行业（陈怡安，2012）。社会资本方面，学者们认为丰富的社会网络有利于促进农村劳动力转移（季文、应瑞瑶，2006；杜鑫，2008），而良好的社会信任会阻碍农村劳动力流动（高虹、陆铭，2010）。工作年限方面，务工年限越长，农村劳动力转移的概率越大（黄宁阳、龚梦，2010）。在职业类别方面，从事劳动密集型行业（如制造业、建筑业、服务业）的农村劳动力流动概率相对较高（郭力、陈浩等，2011）。

二是家庭特征对农村劳动力转移的影响研究。就家庭特征而言，学术界主要基于家庭人口、家庭耕地、家庭资产、家庭生命周期等方面考察对农村劳动力转移决策的影响。已有研究认为，农村劳动力转移受家庭人口规模的正向影响（王志刚，2003）；家庭耕地面积会抑制农村劳动力转移（陈宗胜、周云波等，2006；郭力、陈浩等，2011）；家庭经营主业的非农化倾向越强，农村劳动力非农转移的可能性越大（程名望、潘烜，2012）；家庭年收入对农村劳动力转移的影响呈倒"U"型（黄宁阳、龚梦，2010）；家庭人均生产性固定资产原值越高，农村劳动力转移的概率越大（向其凤、石磊，2012）；家庭年初固定资产值对农村劳动力转移决策的影响为负（陈科、傅强，2016）；家庭生命周期对农村劳动力转移存在显著影响，不同生命时期的家庭转移概率不同（林善浪、王健，2010）；参加新型农村社会养老保险的家庭外出概率更高（谭华清、周广肃等，2016）；较高的家庭抚养人口比例不利于农村劳动力转移（杜鑫，2008），甚至会导致农民工回流（胡枫、史宇鹏，2013）；与户籍地在乡镇附近的农村劳动力相比，户籍地位置较偏远的农村劳动力进行转移的可能性更大（郭力、陈浩等，2011）。此外，家庭是否五保户、是否军烈属户、是否党员户、是否乡村干部户及是否国家干部职工户等特征变量也对农村劳动力转移决策存在显著影响（程名望、史清华，2010）。

三是经济因素对农村劳动力转移的影响研究。经济因素对农村劳动力转移的积极影响已被学术界普遍认可。例如，高国力（1995）指出区域经济发展不平衡所导致的区域经济收入差距是导致劳动力转移的主要原因；杜鹰（1997）证实了高国力的研究，进一步指出农村劳动力大规模流动与农民收入增长缓慢直接相关；结合贫困农村微观数据，蔡昉、都阳（2002）运用实证的方法得出城乡间绝对收入差距和相对贫困是构成劳动力转移的双重动因；朱农（2005）将劳动力转移分析扩展至四元经济框架，验证了蔡昉和都阳的研究结论；杭雷鸣、屠梅曾（2005）提出不同观点，认为收入差距扩大化会阻碍农村劳动力转移;程名望、史清华(2007)认为,工业经济增长是农村劳动力转移的重要动因;邹璇(2011)认为,劳动力转移的根本动力源于劳动者对高收益和高效用的区位追求;段成荣、孙磊(2011)认为,获得更多的收入是促使劳动力流动的重要原因;封进、张涛(2012)认为,提高工资有助于提升农村劳动力外出务工的可能性,但对外出持续时间的影响较弱;范晓非、王千等(2013)基于微观数据分析,认为影响农村劳动力转移决策的最重要因素是预期城乡收入差距;郭震(2014)基于内生选择性转换模型的分析认为,预期收入差距是农村劳动力转移的主要动因,这与范晓非等人的研究结论一致。此外,学者们还考察了经济增长(陈朔、冯素杰,2005)、土地财政(李勇刚、周经,2016)、土地货币化(靳卫萍,2010)、农业资本投入(程名望、阮青松,2010;杜鑫,2013)、城市房价水平(李勇刚,2016)等对农村劳动力转移的影响。

四是非经济因素对农村劳动力转移的影响研究。除经济因素外,学术界还就非经济因素对劳动力转移的影响进行了诸多探讨,形成了丰富的研究成果。就宏观层面而言,金融危机会对贫困地区农村劳动力转移产生就业冲击,减少农村劳动力外出务工的机会(王德文、张展新等,2009);外资集聚对劳动力流入具有显著的推动效应(臧新、赵炯,2016);城市倾向的城乡政策会阻碍农村劳动力更多地流入城市(陈钊、陆铭,2008);农业减税政策有利于削弱转移风险,推动劳动力转移的良性发展（杨宜勇，2008）；就业风险会间接影响农村劳动力转移的传导机制（程名望、潘烜，2010）；迁入地的就业风险对劳动力流入存在负向影响（李萍、谌新民，2011）。就中观层面而言，非农产业的发展对农村劳动力转移产生显著影响，尤以建筑业、批发零售业及住宿餐饮业的影响最大（黄国华，2011）；正规工业部门及建筑业的发展对农村劳动力转移的促进作用较弱（程名望、史清华，2007）；产业转型对农村劳动力跨区域流动具有重要影响（申鹏、凌玲，2014）；提升地方政府财政自主程度会促使地区间劳动力快速流动（肖挺，2014）。就微观层面而言，农业技术进步是农村劳动力向现代部门转移的基本前提（肖琳子、肖卫，2014）；基本公共服务水平对劳动力转移具有重要影响，且随家庭人口规模变化而呈现明显的差异性（杨刚强、孟霞等，2016）；农户农地转移行为对农村劳动力转移具有显著的正向影响（黄善林、卢新海，2016）；清晰界定的土地产权有利于增强土地资产的融资变现能力，进而促进农村劳动力转移（李停，2016）；较高的土地细碎化程度及土地调整对农村劳动力转移具有促进作用（陈会广、刘忠原，2013）。

五是心理社会因素对农村劳动力转移的影响研究。近年来，心理社会因素对农村劳动力转移的影响引起学术界的广泛关注。例如，刘根荣（2006）基于阻力模型认为，心理阻力是制约农村劳动力转移的重要因素之一；曹宗平（2009）指出，农村劳动力是否转移主要取决于个体对预期收益与迁移成本的权衡，其中，迁移成本既包括经济成本，还涵盖心理成本和社会成本；黄忠华、杜雪君等（2012）基于微观数据的实证分析认为，地权诉求对农村劳动力转移具有正向激励作用，宅基地流转意愿与劳动力转移意愿要相互影响；程名望、史清华等（2013）基于实证分析指出，技能型收益、城镇适应性及城镇精神生活收益是影响农村劳动力转移决策的重要因素；唐颂、黄亮雄（2013）基于新经济地理学视角分析劳动力转移机制，认为劳动力在转移过程中会权衡生活舒适度、子女教育、医疗保健等因素；高波、许春招等（2014）指出，户籍歧视会削弱农村劳动力的转移动力；常进雄、赵海涛（2014）通过分析工资歧视与非农劳动力供给的关系，认为城镇劳动力市场存在的对农业劳动力的工资歧视会压力农民工的工资水平，进而减少农村非农劳动力的供给；安凡所、吴红宇（2014）认为，劳动权益和时间适应对农民工永久迁移意愿具有显著影响；李光明、潘明明（2014）基于实证分析指出，外出务工风险态度、地域选择预期、外出最远距离预期对农村劳动力外出务工意愿的影响为负，外出最长时间预期对农村劳动力外出务工意愿的影响为正；罗明忠、罗琦（2015）认为，职业情感和交际技能对农村转移劳动力稳定就业的影响为正；田杨、崔桂莲（2015）认为，父母赡养和子女教育是影响农村劳动力去留抉择的重要因素；任国强、王福珍等（2015）基于实证分析指出，家庭住房剥夺对农村劳动力转移具有促进作用，而预期收入剥夺则会抑制劳动力转移；曾迪洋（2016）认为，市场转型偏好是流动人口选择和行动的基础。

由上可知，现阶段，尽管国内学术界就农村劳动力转移问题进行了广泛研究，取得了一系列研究成果，但仍存在一些薄弱之处。结合本书的研究主旨来看，研究的不足之处主要体现在三个方面：

（1）既有研究大多关注潜在农村转移劳动力的经济诉求，对其非经济诉求的关注度不足，有待深入挖掘。

（2）限于数据可得性，学术界关于心理预期因素对农村劳动力转移的影响研究尚未起步。

（3）既有研究大多基于"经济人"假设分析农村劳动力转移动因，鲜有以人性假设为突破点的跨学科研究。

鉴于上述不足，本书将以人性假设为突破点，会融合运用经济学、管理学、行为科学等学科理论，试图基于收入预期和非收入预期两个维度构建一个更符合我国国情的劳动力转移理论分析框架。

2.3 本章小结

作为全书研究的理论基础，本章对劳动力转移研究脉络进行了基本回顾。围绕研究主题，本章首先回顾和评述了国外经典理论，包括二元经济结构理论、新劳动力迁移经济学、人力资本理论、推拉理论、需求层次理论；其次，梳理和总结了国内相关文献，并指出相关研究的不足。改进已有研究的不足，正是本书研究的重要切入点。

第 3 章

我国农村劳动力转移的
历史变迁与现状分析

作为世界上最大的发展中国家，我国城乡二元特征显著，农业人口基数大，农村人口占比高。大量人口滞留于农村，不仅对农民增收形成制约，更会影响我国农村现代化、城镇化及城乡一体化进程的推进。在由传统农业社会向现代工业社会发展转型的过程中，农村劳动力向非农产业和城镇转移是一个普遍现象和必然趋势。了解和认识我国农村劳动力转移的历史演进、现状特征及未来趋势，对后续的农村劳动力转移动因分析极为必要。

3.1 我国农村劳动力转移历程回顾

劳动力转移与宏观政策调控及经济社会发展密不可分。作为中国经济发展史中的一个特定部分，我国农村劳动力转移政策的演变与我国的国情相适应。我国劳动力流动与国家政治运动、政策引导及户籍管理制度等密切相关（张慧卿，2010）。在不同的制度安排下，我国的农村劳动力转移经历了自由迁徙—限制迁移—逐渐放松—城乡融合等变迁轨迹，体现了鲜明的时代特征。

为了明晰我国农村劳动力转移的变动轨迹，以 1978 年为分界线，大致可归结为两个时期七个阶段。

3.1.1　改革开放前我国的农村劳动力转移情况

改革开放以前，我国执行的是计划经济体制。在严格的计划管制下，农村劳动力难以按照个人意愿自由流动，大量农村剩余劳动力被束缚在本乡本土。这段时期，除短暂的自由流动时期以外，农村劳动力向城市流动基本由计划管制。城乡劳动力资源配置处于低效配置状态。

1. 1949～1957 年：适度允许阶段

这段时期内的农村劳动力流动是自发进行的，农村劳动力可无障碍流动。新中国成立以后，经过三年恢复期（1949～1952 年），我国基本实现财政收支平衡和物价稳定，被战争破坏的国民经济得以顺利恢复。在此背景下，我国着手制定并实施了第一个五年计划。为迅速推进工业化，我国借鉴了苏联工业的发展模式，开始大规模的经济建设，投资兴建了大批大中型建设项目，劳动力需求的缺口较大。1951 年，国家颁布首部户口管理条例——《城市户口管理暂行条例》，未对迁移者的城乡身份进行特别约束，保障了流动人口的迁移自由。这段时期，农村地区尚未推行集体经济，基层组织对农村劳动力流动的制约程度较弱（王跃生，2013）。宽松的户籍制度为农村劳动力流入城市创造了良好机遇。

1952～1958 年，全民所有制工业部门的就业人数从 510 万人增至 2316 万人，新增就业者绝大部分是农村转移劳动力（赵俊超、孙慧峰、朱喜，2005）。伴随农村转移劳动力数量的增加，城市人口规模迅速扩张，1952～1957 年，全国城市人口数量增加了约 30%，其中机械增加量占新增人口的 60.8%（惠宁、霍丽，2007）。这一时期，农村劳动力可自由选择就业，不仅可到城市工业部门就业，还可以在农村内部从事非农产业。据粗略统计，20 世纪 50 年代农村地区专业从事及兼营手工业的人数分别为 200 万人和 1000 万人（刘怀廉，2004）。

农村劳动力自由流动的局势并未一直持续下去。在农村劳动力快速转移的背景下，我国粮食供需格局趋于紧张。鉴于这种情况，国家相继发布《关于劝止农民盲目流入城市的指示》《关于防止农村人口盲目外流的指示》《关于防止农村人口盲目外流的补充指示》《关于制止农村人口盲目外流的指示》等强制措施，以户籍制度为核心的劳动力流动约束体制初步成型。

2. 1958～1978 年：全面控制阶段

这段时期，国家有关部门相继发布和实施《中华人民共和国户口登记条例》《公安部关于处理户口迁移的规定》《关于加强户口管理工作有关问题的意见》《关于调整市镇建制、缩小城市郊区的指示》等一系列文件，具有中国特色的户籍制度就此形成。这套户籍制度将全部人口区分为"农业人口"和"非农业人口"，规定两类人口获取的生产、生活资料各有不同，并严格限制农业人口和劳动力向城市流动（杨正喜、杨慧，2009），城乡隔离制度逐步建立。在此情势下，农村劳动力流动被全面控制，无法依照个人意愿自由流动。1958～1975 年，在新增的城镇人口中，机械增长部分不足 1/4，部分年份甚至降为负值。由于这一时期的政治经济形势变化，又可将农村劳动力转移进一步细分为两个阶段。

（1）1958～1963 年：大起大落阶段。

自 1958 年起，"大跃进"运动和农村人民公社化运动在全国范围内快速推进，这一时期的经济建设规模虚假膨胀，劳动力需求急剧上升。大量农村劳动力被抽离出来从事大炼钢铁及各种"大办"，农村地区的劳动力（特别是壮劳力）比 1957 年减少了 3818 万人（萧国亮，2004）。农业和工业之间的劳动力比例由上年的 13.8：1 骤然降至 3.5：1（柳随年、吴群敢，

1985）。据粗略统计，1957～1960年，城镇人口由9900多万人陡增至1.3亿人，增幅达31.31%，其中，机械增长的人口约占新增城镇人口的90%。"大跃进"引发的农村劳动力转移未能持续进行。虚假的工业扩张导致广大农村劳动力脱离农业，农业生产活动的正常进行受到严重影响，粮食产量大幅下降。有关数据统计，1957～1960年，我国粮食产量减产比例达24.4%（段娟、叶明勇，2009）。"大跃进"使得我国经济遭遇严重困难，1961年起中央依据"调整、巩固、充实、提高"的方针，对经济进行全面调整。

为协调各个产业部门之间的关系，恢复和发展农业生产，中央突出强调农业的基础地位和重要性，指出"争取农业丰收，特别是争取粮食的丰收"（苏星，2007）。在此背景下，政府开始实施严格的农村劳动力流动管控，大批流入城市的农村劳动力不得不重返农村。到1963年，农业就业比重由1958年的58.2%逐渐回升至82.5%。在短短几年的时间内，我国的农村劳动力城乡流动经历了巨大起伏，这在世界人口迁移史上是极为罕见的。出现这种情况，与我国特定时期的政治经济形势密不可分，还与国家制定的人口政策有关。

（2）1964～1977年：基本停滞阶段。

20世纪60年代至70年代后期，受国家颁布和实施的一系列控制人口流动政策的影响，城乡之间的隔离较为严重，农村劳动力流动受到政府严格管制。农村劳动力转移进程近乎停滞，基本处于受控萎缩状态。

国家发布《关于实行粮食的计划收购与计划供应的决议》后，统购统销制度逐步推行，农村商品市场由此迅速衰落，以农副产品为原料的家庭手工业及个体小贩的数量急剧萎缩。农村劳动力被排斥于工业化进程外，广大农民滞留在农村，被束缚于有限的土地上，陷于半失业的痛苦境地。

1966年，"文化大革命"席卷全国，打乱了刚恢复的经济秩序，国民经济受到严重干扰和破坏。受"文化大革命"影响，大批城市机关干部和知识分子被下放到农村。据统计，1962年至1977年底，被下放到农村的城市青年人数约1700万余人（杨云彦，1994）。这一逆城市化潮流的出现，导致这一时期的城镇化进程停滞不前。1964~1977年，农村劳动力自由流动严格受限，农业劳动力就业比重基本维持在80%左右的水平上（程名望，2007）。

3.1.2　改革开放后我国的农村劳动力转移情况

1978年12月，党的十一届三中全会召开，作出将全党工作重心转移至社会主义现代化建设及实行改革开放的重大战略决策，掀开了我国经济发展的新篇章。在此情形下，原有的计划经济体制弊端逐渐显露，经济体制改革迫在眉睫。1992年，党的十四大将社会主义市场经济体制正式确立为改革目标。此后，改革开放全面推进，国家对劳动力流动的限制逐步放宽，城乡人口流动管理经历了由控制盲目流动到宏观调控下的有序流动、再到公平有序流动的过程。

1. 1978～1983 年：控制流动阶段

为解放农业生产力，激发农民的生产积极性，党的十一届三中全会通过《中共中央关于加快农业发展若干问题的决定（草案）》，提出要推进以家庭联产承包责任制为重点的农村经济体制改革。家庭联产承包责任制的普及使得农村生产力迅速增强，农业生产率大大提升，农作物大幅增产，农民务农收入大幅度提升。与此同时，中央大力推动乡镇企业发展，积极引导乡镇企业吸纳农村剩余劳动力，激活了农村劳动力转移。据统计，1978～1984 年，乡镇企业吸纳农村劳动力约 6000 万人（萧国亮、隋福民，2011）。不仅如此，大量的农村剩余劳动力在农闲季节流入城市务工，以增加家庭收入。

这一阶段，因城市对农村劳动力的吸纳能力有限，政府不得不再次严格限制农村劳动力转移。1981 年，国务院发布《关于严格控制农村劳动力进城做工和农业人口转为非农业人口的通知》，农村劳动力进城务工及转化为非农人口受到了严格限制。受制于人口流动政策，这一阶段的农村劳动力转移速度和规模均受到较大制约。

2. 1984～1988 年：允许流动阶段

继农村改革后，1984 年召开的党的十二届三中全会通过《中共中央关于经济体制改革的决定》，意味着城市经济体制改革全面推进。为配合城市经济体制改革，国家开始逐步放松农村劳动力流动政策。同年 10 月，国务院颁发《关于农民进入集镇落户问题的通知》，明确要求"积极支持有经营能力和有技术专长的农民进入集镇经营工商业"。随后，1985 年初，中共中央、国务院发布《关于进一步活跃农村经济的 10 项政策》，明确要求"在各级政府统一管理下，允许农民进城开店设坊，兴办服务业，提供各种劳务"，这标志着国家对劳动力转移的政策偏向由"限制流动"转变为"允许流动"。1986 年，国务院相继发布了《国营企业招用工人暂行规定》和《国营企业实行劳动合同制暂行规定》的政策文件，允许国营企业根据生产和工作需要招用农村劳动力，明确规定"招用工人必须实行劳动合同制"，进一步放松了农村劳动力的流动政策。

在国家政策的鼓励和支持下，农村劳动力城乡转移的制度障碍逐步破解，农村劳动力转移呈迅速增长态势。1984～1988年，我国农村劳动力转移数量增加了 5566 万人，年均农村劳动力转移数量达 1113 万人。这段时期，乡镇企业蓬勃发展，由此成为农村劳动力转移就业的主要渠道，年均新增就业近 1/4。从就业结构分布来看，这一时期的农村劳动力高速非农化。自

1985 年起，农业劳动力就业比重持续下降，到 1988 年，农业劳动力的就业比重下降为 59.5%[①]。这一时期，由于农村劳动力大量向城市转移，农业边际生产率显著上升。

3. 1989~1991 年：控制盲目流动阶段

20 世纪 80 年代中期，劳动力流动政策的放宽引发了大批农村劳动力跨区域转移，对城市的交通运输、社会治安、就业管理等方面造成的一系列负面影响逐渐显现。此外，价格并轨引发的通货膨胀严重威胁到社会安定，国家着手调整产业、行业、产品结构，开始为期三年的整顿治理。国家于 1989~1991 年，先后出台了《关于严格控制民工盲目外出的紧急通知》《关于进一步做好控制民工盲目外流的通知》《关于在第四次全国人口普查前进行户口整顿工作报告的通知》《关于做好劳动就业工作的通知》等政策文件，旨在控制农村劳动力的盲目流动。

在此情形下，乡镇企业发展受到负面影响，直接削弱了其对农村劳动力的吸纳能力。据统计数据显示，1989 年全国乡镇企业数量减少 19.5 万个，职工人数比上年减少 178.7 万人；其中，乡镇工业企业数量净减 37.1 万个，职工人数比上年减少 79.3 万人（马雪松，2011）。这一时期，受经济环境及政策的制约，国家对农村劳动力盲目外出严格限制，农村劳动力转移人数不足

[①]　资料来源：《中国统计年鉴》1994 年。

300万，在1989年甚至出现了逆向流动（欧阳慧，2010）。

4. 1992~1999年：规范流动阶段

1992年，邓小平发表南方谈话及党的十四大召开，提出建立社会主义市场经济体制，标志着我国改革开放进入新阶段。此后，中央颁布《关于建立社会主义市场经济体制若干问题的决定》，强调要"坚持以公有制为主体、多种经济成分共同发展的方针……鼓励个体、私营、外资经济发展，并依法加强管理"。这一时期，我国经济快速发展，劳动力转移呈迅速发展态势。大规模农村劳动力涌入城市，恰逢城市国企职工大批下岗，城市就业形势非常严峻。在此情形下，国家对农村人口流动政策进行了相应调整，由控制盲目流动转变为"鼓励、引导和实行宏观调控下的有序流动"。自1993年起，国家相关部门相继出台《再就业工程》《农村劳动力跨地区流动有序化——"城乡协调就业计划"第一期工程》《关于建立社会主义市场经济体制若干问题的决定》《关于建立社会主义市场经济体制时期劳动体制改革总体设想》《农村劳动力跨省流动就业管理暂行规定》《小城镇户籍管理制度改革实施方案》《关于完善农村户籍管理制度的意见》等政策文件，以此推动农村劳动力规范有序流动。据统计，1992~1996年，我国农村劳动力转移呈高速增长态势，转移人数年均增加800多万人，其中，城镇企业吸纳农村劳动力的数量累计达1.35亿人（欧阳慧，2010；萧国亮、隋福民，2011）。

20 世纪 90 年代后期，受经济紧缩政策及亚洲金融危机的影响，我国经济增长速度放缓，乡镇企业增速放缓、绩效下滑，国家对农村劳动力流动的控制力度随之加强。1997 年，劳动部、公安部、交通部、农业部等多个部门联合发布了《关于进一步做好组织民工有序流动工作的意见》，提出要推动农村劳动力有序化转移，引导和组织农村劳动力按需流动，加强对农村劳动力城乡就业的统筹规划和宏观调控。1997～1999 年，我国农村劳动力转移的速度呈减缓态势，增速分别为 1.1%、0.6%、0.4%（刘怀廉，2004）。

5. 2000 年至今：公平流动阶段

2000 年以来，我国农村劳动力流动政策进一步改进和完善。农民进城就业的各项不合理限制被逐渐取消，就业、保障、户籍、教育等方面的配套改革逐步推进，城乡劳动力市场一体化发展趋势明显。这标志着我国农村劳动力转移步入"公平流动期"，农村劳动力可依据意愿自由流动。

随着我国经济社会平稳发展，国家对"三农"问题高度重视，相继出台多项鼓励政策，掀起了新一轮的劳动力流动热潮。2000 年，全国农村劳动力外出就业的人数达 6134 万人，其中跨省就业的农村劳动力占 46%（刘文，2004）。到 2001 年，从事非农产业的农村劳动力人数累计达 15777.9 万人，其中，异

地就业的农村劳动力为 8961 万人[①]。2002 年农村劳动力外出就

业的人数超过 9400 万人[②]。2004 年以后，国家连续发布多项政

策文件（见表 3 - 1），意在破除制约"三农"发展的体制机制

障碍，有效促进我国农村劳动力顺畅转移。

表 3 - 1　　　2003 年以来我国农村劳动力转移政策文件

时间	发布部门	文件名称	相关规定
2003 年 3 月	劳动和社会保障部	《关于农民工适用劳动法律有关问题的复函》	凡与用人单位建立劳动关系的农民工（包括农民轮换工），应当适用《劳动法》
2004 年 1 月	国务院	《关于促进农民增加收入若干政策的意见》	小城镇建设要同壮大县域经济、发展乡镇企业、推进农业产业化经营、移民搬迁结合起来，引导更多的农民进入小城镇，逐步形成产业发展、人口聚集、市场扩大的良性互动机制，增强小城镇吸纳农村人口、带动农村发展的能力
2004 年 2 月	建设部	《关于进一步解决拖欠农民工工资问题的紧急通知》	采用法律、经济和必要的行政措施，督促拖欠农民工工资的企业尽快偿付
2005 年 1 月	国务院	《关于进一步加强农村工作提高农业综合生产能力若干政策的意见》	全面开展农民职业技能培训工作

---

① 我国农村劳动力及转移状况分析 ［EB/OL］. 中国统计信息网，2002 - 04 - 28.

② 陈良彪，张晓辉. 最新报告：2002 年农村劳动力外出就业超过 9400 万人 ［J］. 北京农业职业学院学报，2003（1）：58.

续表

时间	发布部门	文件名称	相关规定
2005 年 2 月	劳动和社会保障部	《关于废止〈农村劳动力跨省流动就业管理暂行规定〉及有关配套文件的通知》	改善农民进城就业环境，清理和取消限制农民进城就业的政策规定的要求
2006 年 2 月	国务院	《关于推进社会主义新农村建设的若干意见》	促进农民持续增收，拓宽农民增收渠道
2006 年 3 月	国务院	《关于解决农民工问题的若干意见》	统筹城乡发展，保障农民工合法权益，改善农民工就业环境，引导农村富余劳动力合理有序转移
2007 年 1 月	国务院	《关于积极发展现代农业扎实推进社会主义新农村建设的若干意见》	加强农民转移就业培训和权益保护
2008 年 1 月	国务院	《关于切实加强农业基础建设进一步促进农业发展农民增收的若干意见》	形成农业增效、农民增收良性互动格局；探索建立促进城乡一体化发展的体制机制；全面加强农民工权益保障
2009 年 2 月	国务院	《关于促进农业稳定发展农民持续增收的若干意见》	积极扩大农村劳动力就业
2010 年 1 月	国务院	《关于加大统筹城乡发展力度进一步夯实农业农村发展基础的若干意见》	努力促进农民就业创业。推进城镇化发展的制度创新
2013 年 1 月	国务院	《关于加快发展现代农业进一步增强农村发展活力的若干意见》	有序推进农业转移人口市民化

续表

时间	发布部门	文件名称	相关规定
2014 年 1 月	国务院	《关于全面深化农村改革加快推进农业现代化的若干意见》	加快推动农业转移人口市民化
2015 年 2 月	国务院	《关于加大改革创新力度加快农业现代化建设的若干意见》	拓宽农村外部增收渠道
2016 年 1 月	国务院	《关于落实发展新理念加快农业现代化实现全面小康目标的若干意见》	推进农村劳动力转移就业创业和农民工市民化

　　在逐渐完善的政策环境下，我国农村劳动力转移呈稳步增长态势。据统计，"十五"期间，城镇每年新增就业者为 930 万人，向非农产业转移的农村富余劳动力人数约为 4000 万人[①]；到"十一五"期间，城镇新增就业累计达 5700 万人以上，年均增加 1140 万人，向非农产业转移的农村富余劳动力人数增加了约 500 万人[②]；到"十二五"期间，我国城镇年均新增就业人数约为在 1220 万～1330 万人[③]，农村劳动力转移的人数达

---

　　① 笔者根据国家统计局发布的《中华人民共和国 2001 年国民经济和社会发展统计公报》《中华人民共和国 2002 年国民经济和社会发展统计公报》《中华人民共和国 2003 年国民经济和社会发展统计公报》《中华人民共和国 2004 年国民经济和社会发展统计公报》《中华人民共和国 2005 年国民经济和社会发展统计公报》中的数据计算得出。
　　② 资料来源：中央政府门户网站。
　　③ 详解"十三五"：预计城镇新增就业人数将在 5000 万以上［EB/OL］. 央广网，2016 - 05 - 14.

27747 万人①，与 2010 年相比，新增农村劳动力转移就业 3524 万人②。截至 2015 年，我国农民工总量已达 27747 万人，占农村劳动力总量的 44.85%③。

由表 3-1 可知，我国国情的特殊性决定了农村劳动力转移在不同历史时期呈现不同特征。需要说明的是，与发达国家不同，我国的城镇化发展滞后于工业化，农村劳动力流动分裂为转移和定居两个阶段。现阶段，我国的农村劳动力流动过程中存在着一个两难问题：一方面，现阶段，各种影响农村劳动力转移的限制性条件虽已大幅减少，但部分制度性约束尚未完全削减，距离农村劳动力自由迁移尚有一定差距（王跃生，2013）。另一方面，由于城乡制度壁垒难以冲破，农村流动劳动力落户城镇的"隐形门槛"较高，其合法权益难以保障，市民化通道不畅。为此，目前我国农村劳动力转移以短期的、非永久性转移居多。

3.2　我国农村劳动力转移现状及基本特征

近年来，我国农村劳动力大规模跨地区转移，已成为一种重要的社会经济现象，呈现出一些新特征。根据国家统计局统

---

①③　资料来源：国家统计局：《2015 年农民工监测调查报告》，2016 年 4 月 28 日。
②　资料来源：国家统计局：《2011 年农民工监测调查报告》，2012 年 4 月 27 日。

计数据显示,现就我国农村劳动力转移的现状及基本特征进行简单介绍,以此为本书的现实基础。

3.2.1 总体规模特征:总量逐年增长,增速呈下降趋势

随着国家宏观政策的推动及经济社会的快速发展,我国农村劳动力转移的速度和规模不断突破,大量农村富余劳动力流入城市,成为我国产业工人的重要构成部分。

现阶段,我国外出务工的农村劳动力数量呈稳步增长趋势(见表3-2)。到2016年,我国农村外出劳动力规模已达28171万人,占全国人口总量的20.37%。与2010年相比,我国农村转移劳动力的数量增长了14.5%,年均增长率为2.75%。从农村劳动力转移增速情况来看,增长率呈快速下滑趋势。近年来,我国农村转移劳动力增长率连续下降,由2011年的4.31%逐渐降至2015年的1.28%。

表3-2 2010年以来我国农村劳动力转移规模概况

类别	2010年	2011年	2012年	2013年	2014年	2015年	2016年
农民工总量(万人)	24233	25278	26261	26894	27395	27747	28171
增速(%)	—	4.31	3.89	2.41	1.86	1.28	1.50
1. 外出农民工(万人)	15335	15863	16336	16610	16821	16884	16934
增速(%)	—	3.44	2.98	1.68	1.27	0.37	0.30

类别	2010 年	2011 年	2012 年	2013 年	2014 年	2015 年	2016 年
（1）住户中外出农民工（万人）	12264	12584	12961	13085	13243	—	—
（2）举家外出农民工（万人）	3071	3279	3375	3525	3578	—	—
2. 本地农民工（万人）	8888	9415	9925	10284	10574	10863	11237
增速（%）	—	5.93	5.42	3.62	2.82	2.73	3.40

资料来源：国家统计局《2010~2016年农民工监测调查报告》。

其中，农村外出转移劳动力占农村转移劳动力总量的60%以上，农村本地转移劳动力占比不足40%。与农村劳动力转移整体一样，这两部分农村劳动力的人数呈逐步上升趋势，而增长速度则连年下降。

3.2.2 个体禀赋特征：平均年龄日趋提高，青壮年、高素质农村劳动力为主体力量

现阶段，我国农村流动劳动力的平均年龄呈日趋上升，文化素质和技能培训情况有所改善。

从年龄特征来看（见表3-3），外出就业的农村劳动力主要以青壮年为主。国家统计局抽样调查数据显示，外出就业的农村劳动力平均年龄呈逐年上升态势，由2010年的35.5岁上

升至 2016 年的 39 岁。就年龄分布的演变而言，40 岁以下的青壮年农村劳动力占一半以上，但比重呈连年下降趋势，由 2010 年的 65.9% 降为 2016 年的 53.9%；30 岁以下的青年农村劳动力所占比重同样呈下降趋势，由 2010 年的 42.4% 降至 2016 年的 31.9%，说明青壮年农村劳动力数量增幅趋乏；相对而言，40 岁以上的外出农村劳动力增幅明显，从 2010 年的 34.1% 连续增加至 2016 年的 46.2%，外出就业的农村劳动力年龄结构的老化趋势渐显。究其原因有二：一方面，自 20 世纪 80 年代以来，受计划生育政策影响，我国生育率急剧下降，导致青年劳动力供给数量减少；另一方面，随着农村经济发展和国家对"三农"扶持力度加强，许多农村青年毕业后选择在家乡就业或创业，在一定程度上导致青年农村劳动力外出人数减少。

表 3-3　　2010 年以来我国农村外出劳动力的年龄情况　　单位：%

年龄分布	2010 年	2011 年	2012 年	2013 年	2014 年	2015 年	2016 年
16~20 岁	6.5	6.3	4.9	4.7	3.5	3.7	3.3
21~30 岁	35.9	32.7	31.9	30.8	30.2	29.2	28.6
31~40 岁	23.5	22.7	22.5	22.9	22.8	22.3	22.0
41~50 岁	21.2	24.0	25.6	26.4	26.4	26.9	27.0
50 岁以上	12.9	14.3	15.1	15.2	17.1	17.9	19.2
平均年龄	35.5	36.0	37.3	37.6	38.3	38.6	39.0

从整体素质来看，农村转移劳动力的文化素质逐步提高，

职业培训情况也得到改善。文化程度方面，我国农村劳动力整体文化程度不断上升，由表3－4可知，文化程度为初中的农村劳动力占大多数，比重维持在60%左右，近几年浮动幅度不大；高中及以上文化程度农村劳动力所占比重呈小幅上升趋势，由2011年的23%上升至2016年的26.4%；大专及以上的农村劳动力占比逐步提高。这说明，我国农村转移劳动力的文化素质结构正在不断优化。

表3－4　　2011年以来我国农村劳动力文化程度情况　　单位：%

文化程度	2011年	2012年	2013年	2014年	2015年	2016年
未上过学	1.5	1.5	1.2	1.1	1.1	1.0
小学	14.4	14.3	15.4	14.8	14.0	13.2
初中	61.1	60.5	60.6	60.3	59.7	59.4
高中	17.7	18.0	16.1	16.5	16.9	17.0
大专及以上	5.3	5.7	6.7	7.3	8.3	9.4

资料来源：国家统计局《2011～2016年农民工监测调查报告》。其中，在2011年和2012年两年的数据中，对高中和中专作了合并处理，以便统一口径。

需要说明的是，外出农村劳动力的文化程度相对更高一些（见表3－5）。其中，初中文化程度的农村劳动力占据主导地位，高中及以上文化程度外出劳动力的占比高于整体水平。

表 3 – 5　　2011 年以来我国外出农村劳动力文化程度情况　　单位：%

文化程度	2011 年	2012 年	2013 年	2014 年	2015 年	2016 年
未上过学	0.9	1.0	0.9	0.9	0.8	0.7
小学	10.7	10.5	11.9	11.5	10.9	10.0
初中	62.9	62.0	62.8	61.6	60.5	60.2
高中	18.5	18.7	16.2	16.7	17.2	17.2
大专及以上	7.0	7.8	8.2	9.3	10.7	11.9

资料来源：国家统计局《2011～2016 年农民工监测调查报告》。其中，在 2011 年和 2012 年两年的数据中，对高中和中专做了合并处理，以便统一口径。

职业培训方面，农村转移劳动力接受职业培训的情况不断改善。以非农职业技能培训为例，接受过非农职业技能培训的外出农村劳动力所占比重呈上升趋势，由 2011 年的 26.2% 上升至 2016 年的 30.7%[①]。分年龄段看，无论哪个年龄层次，接受非农技能培训的比例均呈逐年上升态势。其中，40 岁以下的青壮年农村劳动力接受非农职业技能培训的比例明显较高，50 岁以上的高龄农村劳动力接受非农技能培训的比例较其他年龄段略低（见表 3 – 6）。

---

① 资料来源：国家统计局：《2011 年农民工监测调查报告》《2016 年农民工监测调查报告》。

表 3-6　　　　　**2011 年以来我国外出农村劳动力**

接受非农职业技能培训概括　　　　单位：%

年龄分布	2012 年	2013 年	2014 年
20 岁及以下	22.3	29.9	31.4
21~30 岁	31.6	34.6	37.0
31~40 岁	26.7	31.8	34.0
41~50 岁	23.1	27.8	29.9
50 岁以上	16.9	21.2	24.0

资料来源：国家统计局《2012~2014 年农民工监测调查报告》。

总体而言，青壮年农村外出劳动力文化程度相对较高且多接受过非农技能培训，对其人力资本积累具有积极影响。在经济新常态的现实背景下，农村转移劳动力面临着结构性失业风险增大、就业环境脆弱、收入增长放缓等严峻形势，提升人力资本显然是实现稳定就业的重要途径。

3.2.3　产业分布特征：第二产业是主渠道，第三产业是吸纳农村劳动力的新增长点

从产业分布来看，农村转移劳动力的就业结构逐步优化。如表 3-7 的数据显示，第二产业依旧是吸纳农村劳动力就业的重要渠道，而第三产业吸纳农村劳动力的比重逐年上升，成为吸纳农村劳动力转移就业的新渠。农村转移劳动力的就业分布情况如下：

表 3 – 7　　　　农村劳动力外出就业的行业分布情况　　　单位：%

	2011 年	2012 年	2013 年	2014 年	2015 年	2016 年
第一产业	—	—	0.6	0.5	0.4	0.4
第二产业	53.7	54.1	56.8	56.6	55.1	52.9
其中：制造业	36	35.7	31.4	31.3	31.1	30.5
建筑业	17.7	18.4	22.2	22.3	21.1	19.7
第三产业	34.2	33.8	42.6	42.9	44.5	45.7
其中：批发和零售业	10.1	9.8	11.3	11.4	11.9	12.3
交通运输、仓储和邮政业	6.6	6.6	6.3	6.5	6.4	6.4
住宿和餐饮业	5.3	5.2	5.9	6.0	5.8	5.9
居民服务、修理和其他服务业	12.2	12.2	10.6	10.2	10.6	11.1

资料来源：国家统计局《2011～2016 年农民工监测调查报告》。

（1）第一产业就业情况。根据国家统计局公布的调查数据显示，农村劳动力在第一产业的从业比重偏低，基本维持在 0.5% 左右的水平，且呈逐年递减趋势，由 2013 年的 0.6% 下降至 2016 年的 0.4%。与其他产业相比，第一产业吸纳农村劳动力的能力较有限。

（2）第二产业就业情况。第二产业是吸纳农村劳动力就业的主要渠道。在第二产业就业的农村劳动力超过一半。其中，在第二产业中的制造业就业的农村劳动力比重呈连续下降趋势，就业比重由 2011 年的 36% 降至 2016 年的 30.5%；相对而言，从事建筑业的农村劳动力占比有所浮动，就业比重由 2011 年的 17.7% 上升至 2014 年的 22.3% 后，又逐步降至 2016 年的 19.7%。

（3）第三产业就业情况。近年来，第三产业吸纳农村劳动力就业的比重显著上，就业比重由 2011 年的 34.2% 上升至 2016 年的 45.7%，增幅达 33.63%。从第三产业内部结构来看，从事批发零售业的农村劳动力比重大致呈稳步上升趋势，由 2011 年的 10.1% 上升至 2016 年的 12.3%；从事交通运输、仓储和邮政业及宿餐饮业的农村劳动力比重基本稳定，从事交通运输、仓储和邮政业的农村劳动力就业比重基本维持在 6.5% 左右，从事住宿和餐饮业的农村劳动力就业比重基本维持在 5.8% 左右；从事居民服务、修理和其他服务业的农村劳动力比重大致呈小幅下降趋势。据估计，到"十三五"末期，从事第三产业农村劳动力的比重将超过一半，成为吸纳农村劳动力就业的绝对主力①。伴随经济结构持续优化，第三产业的蓬勃发展将会带来更多的就业机会。

进一步地，不同地区的农村转移劳动力产业分布情况各异（见表 3－8）。在东部地区，分布在第二产业的农村转移劳动力占比约为 60%，且大致呈小幅上升趋势；第三产业吸纳的农村转移劳动力就业比重呈上升趋势，就业比重由 2011

---

① 傅义洲. 我国就业总体稳定局部存规模性失业风险；预计"十三五"末，三产吸纳就业将超五成［N］. 人民日报，2016－02－27.

年的31.0%增加至2015年的39.4%，成为吸纳农村劳动力
转移就业的第二大产业部门；第一产业吸纳的农村转移劳动
力不足1%，呈平稳不变态势。在中部地区，第二产业依然是
吸纳农村劳动力转移就业的最重要部门，农村转移劳动力就
业比重有升有降，基本维持在50%左右；第三产业吸纳的农
村转移劳动力比重呈逐年上升态势，到2015年，第三产业吸
纳农村劳动力转移就业的比重与第二产业基本呈大致持平态
势；第一产业吸纳农村劳动力转移就业的比重尚不足1%。在
西部地区，第三产业吸纳农村劳动力转移就业的比重居首位，
基本呈上升趋势，2015年吸纳农村劳动力转移就业的比重达
55.2%；在第二产业就业的农村转移劳动力占比基本保持在
45%左右，呈小幅波动趋势；第一产业就业的农村转移劳动
力占比与东、西部地区相比略高一点，但所占比重依然十分
微小。受我国产业结构转型和升级影响，劳动密集型产业由
东部地区向内陆地区迁移，东、中、西三个地区农村劳动力
产业分布格局将会继续演化。

表3-8　　　　分地区的农村转移劳动力产业分布情况　　单位：%

	东部地区					中部地区					西部地区				
	2011年	2012年	2013年	2014年	2015年	2011年	2012年	2013年	2014年	2015年	2011年	2012年	2013年	2014年	2015年
第一产业	—	—	0.5	0.4	0.4	—	—	0.5	0.4	0.3	—	—	0.9	0.8	0.7

	东部地区					中部地区					西部地区				
	2011年	2012年	2013年	2014年	2015年	2011年	2012年	2013年	2014年	2015年	2011年	2012年	2013年	2014年	2015年
第二产业	58.2	58.5	61.1	61.2	60.2	47.7	48.7	52.8	52.5	50.7	42.8	43.8	47.6	47.1	44.1
第三产业	31.0	30.9	38.4	38.4	39.4	38.5	37.9	46.7	47.1	49.0	41.3	40.4	51.5	52.1	55.2

资料来源：国家统计局《2011～2015年农民工监测调查报告》。

3.2.4 地域分布特征：东部地区吸纳能力下降，中西部地区吸纳能力日趋增强

从农村转移劳动力就业的地域分布情况来看（见表3－9），东部地区分布的农村转移劳动力比重持续下降，中西部地区的农村转移劳动力比重呈现增长趋势，农村劳动力就业的地区分布呈现由东部向中西部地区逐渐集中的趋势。

表3－9　　　　农村劳动力就业地区分布情况　　　　单位：万人，%

	东部地区					中部地区					西部地区				
	2011年	2012年	2013年	2014年	2015年	2011年	2012年	2013年	2014年	2015年	2011年	2012年	2013年	2014年	2015年
就业人数	16537	16980	16174	16425	16489	4438	4706	5700	5793	5977	4215	4479	4951	5105	5209
增幅	2.0	2.7	-4.7	1.6	0.4	8.1	6.0	21.1	1.6	3.2	9.6	6.2	10.5	3.1	2.0

续表

	东部地区					中部地区					西部地区				
	2011年	2012年	2013年	2014年	2015年	2011年	2012年	2013年	2014年	2015年	2011年	2012年	2013年	2014年	2015年
占农村转移劳动力总量的比重	65.4	64.7	60.3	60.1	59.4	17.6	17.9	21.2	21.6	21.5	16.7	17.1	18.5	18.7	18.8
增幅	-1.5	-0.7	-4.4	-0.2	-0.5	0.7	0.3	3.3	0.4	0.4	0.8	0.4	1.4	0.2	0.1

资料来源：国家统计局《2011～2015年农民工监测调查报告》。其中，2013～2014年的部分缺失数据是由已有资料推导计算得出。

2011～2015年，在东部地区吸纳的农村劳动力占总体的60%左右，是农村劳动力就业的主要地区。近年来，受国家产业结构优化调整影响，东部地区的劳动密集型企业正逐步向中西部地区转移，由此导致东部地区吸纳的农村劳动力逐步减少。相对而言，中西部地区对农村劳动力转移就业的吸纳日趋增强，逐步成为农村劳动力转移就业的重要地区。2011～2015年，在中部地区就业的农村劳动力数量稳步增加，占农村劳动力总量的比重也由17.6%逐渐增至21.5%。同时，西部地区就业的农村转移劳动力数量也增长迅速增加。至2015年，西部地区就业的农村劳动力人数占外出就业农村劳动力总量的比重升至18.8%。可以预期，在未来一段时期，中西部地区吸纳农村劳动力的数量会更多，农村转移劳动力将进一步向中西部地区集中。

3.2.5 区域流向特征：省内流动以小城镇为主，跨省流动以大中城市为主

就农村劳动力区域流向情况而言，农村劳动力在省内乡外流动更倾向于向小城镇流动，农村劳动力跨省流动则以大中城市为主。如表3-10所示，省内流动的农村劳动力流向小城镇的人数占比近50%，远高于地级市、省会城市及直辖市的流向比重，小城镇逐渐成为农村劳动力就近转移就业的"蓄水池"。相对而言，跨省流动的农村劳动力主要集中于地级市以上的大中城市，地级市及以下的城市所吸纳的农村劳动力数量占比超过70%。

表3-10　　按城市类型分的外出农村劳动力流向分布及构成

构成（%）	直辖市			省会城市			地级市			小城镇			其他		
	2013年	2014年	2015年	2013年	2014年	2015年	2013年	2014年	2015年	2013年	2014年	2015年	2013年	2014年	2015年
跨省流动	14.4	14.1	15.3	22.6	22.7	22.6	39.6	40.2	42.1	22.5	22.1	19.0	0.9	0.9	0.9
省内乡外流动	3.3	2.8	3.0	21.5	22.2	22.5	28.1	28.9	29.1	47.1	46.1	45.4	0	0	0

资料来源：国家统计局《2013~2015年农民工监测调查报告》。

3.3 我国农村劳动力转移的未来发展趋势

3.3.1 农村劳动力转移仍将保持活跃，但增速将持续放缓

现阶段，我国农村劳动力转移的数量不断上升，但增速连续下滑。就农村劳动力转移规模来看，至 2016 年，我国农村劳动力转移规模达 28171 万人，占农村人口总量的 47.77%，相当于每 2 个农村人口中就有 1 个农村转移劳动力[1]。从农村劳动力转移增速情况来看，近年来我国农村转移劳动力增速持续放缓。这说明，农村劳动力正逐渐从"无限供给"向"有限供给"转变，不再是"用之不尽，取之不竭"的劳动力"蓄水池"。

当前，我国城市化水平不高，城镇化率尚不足 60%，虽与世界平均水平相当，但与发达国家相比，仍然存在较大差距。今后一段时期，我国城镇化进程将会持续推进。截至 2020 年，我国城镇化率预计将达到 60% 左右[2]；到 2030 年，我国城镇化水平将达到 70%[3]；到 2040 年，我国城镇化水平将达到 75% 左

---

① 资料来源：国家统计局：《2016 年农民工监测调查报告》，2017 年 4 月 28 日。
② 资料来源：中共中央、国务院：《国家新型城镇化规划（2014—2020 年）》，2014 年 3 月。
③ 资料来源：联合国开发计划署：《2013 年中国人类发展报告》，2013 年 3 月。

右；到 2050 年，我国城镇化率将达到 80% 左右①，城镇化任务基本完成。城镇化的过程也就是农村劳动力向城市非农产业转移的过程。根据发达国家的经验，未来相当长一段时期内，城镇化的推进仍需要农村劳动力大量转移，基于城镇化建设推进农村劳动力转移已成为趋势。由《国家新型城镇化发展规划（2014—2020 年）》可知，截至 2020 年，我国仍将存在 2 亿人以上的农村流动人口。依据 2010 年以来我国农村外出劳动力总量变动情况，"十三五"期间我国外出务工的农村劳动力数量仍呈不断增加的趋势，但增速会继续延续回落态势，甚至会出现负增长，农村劳动力供给乏力态势将会在"十三五"期间逐渐显现。

3.3.2 农村劳动力群体的代际更替效应显现，新生代农村劳动力已成主体

伴随社会经济背景的变迁，农村流动人口已不再是一个高度同质的群体，其内部出现明显的代际分化。从个体生命周期的视角来看，新生代逐渐取代老一代是代际更替的必然趋势。20 世纪六七十年代出生的老一代农村劳动力已步入中年，并逐渐退出城市劳动力市场，回流农村，他们的子女即新生代农村

---

① 资料来源：魏后凯：新时期中国城镇化转型的方向［EB/OL］. 人民网，2014 – 07 – 11.

劳动力成为产业工人的重要组成部分，在外出农村劳动力总体中渐居主体地位。自2010年以来，青壮年农民工占农民工总量的比重虽有所下降，但一直处于相对优势地位。2013年，新生代农村劳动力占外出农村劳动力总量的46.6%，占农村新生代从业劳动力总量的65.5%[1]。2016年，新生代流动人口数量占劳动年龄流动人口总量的比重近五成。显然，新生代农村劳动力在外出农村劳动力群体中占据着越来越重要的位置。

相对老一代农村劳动力，新生代农村劳动力具有"三高一低"[2]的显性特征，在成长背景、资源禀赋、价值理念、生活方式及行为逻辑等方面与老一代截然不同，故其利益诉求与老一代农村劳动力存在较大差异。新生代农村劳动力更多地将空间流动视为改变生活方式和寻求更好发展的重要契机，利益诉求更趋多元化。深入剖析现阶段我国农村转移劳动力群体多元利益诉求，对于理解我国农村劳动力转移的内在规律和未来发展趋势极为重要。

3.3.3　劳动力流向集中短期内不变，城市群聚集态势逐步增强

在劳动力要素自由流动的情况下，劳动力由欠发达地区向

---

① 国家统计局：《2013年全国农民工监测调查报告》，2014年5月12日。
② "三高一低"是指受教育程度高、职业期望值高、物质和精神享受要求高、工作耐受力低。

发达地区转移是一个必然趋势，区域发展格局对农村劳动力转移的影响较为显著。改革开放以来，我国流动人口向大城市及东部沿海城市集中的趋势呈持续、稳定态势。具有良好就业机遇的发达地区成为吸纳农村转移劳动力的主要输入地，而欠发达地区则成为农村劳动力的重要输出区域。第六次人口普查数据显示，流动人口的大城市偏好明显，约四成的流动人口聚集在特大城市和超大城市。从目前的发展形势看，农村劳动力向中心城市流动的基本趋势未变，依旧集中于较发达的东部地区，中心城市的人口集聚趋势会继续强化。

从目前发展态势看，长三角城市群、珠三角城市群、京津冀城市群这三大城市圈已成为吸纳农村劳动力的主要区域。在北京、上海、天津等直辖市，劳动年龄人口占人口总量的比例居于70%~80%。与此同时，随着国家产业布局的优化调整，成渝城市群、长江中游城市群、中原城市群及哈长城市群等城市群崛起，成为推动城镇化发展的新增长极，对农村转移劳动力的吸引力将会不断增强。

3.3.4 长期化、家庭化迁移趋势明显

家庭化移民是国际人口迁移的普遍规律。国家卫生计生委公布的《中国流动人口发展报告》（2012~2016年）显示，我国流动人口在迁居地就业和生活的稳定性不断增强，迁移方式

由个体劳动力流动向家庭化迁移转变，迁移形式由"钟摆式"的短期流动向"定居式"的长期迁移转变，长期化、家庭化迁移趋势凸显。2011年，流动人口中在迁居地生活时间超过5年的比重超过三成，从事当前工作的平均年限近4年；2012年，已婚新生代流动人口中超6成的与核心家庭成员在迁入地共同居住，近7成的家庭分次完成核心家庭成员迁移过程；到2013年，随迁子女比重上升，随同父母流动的15岁子女占比达62.5%，与2011年比，这一比重上升了5.2个百分点；到2014年，流动人口在迁居地平均居住时间在3年以上的占55%，半数以上的流动人口希望在现居地长期居留，近9成的已婚新生代流动人口是夫妻共同流动，约6成的已婚新生代流动人口与配偶、子女共同流动，携带老人共同流动的家庭越来越多；到2015年，流动人口在迁入地的家庭规模约2.61人，同城居住成员为3人及以上的家庭超5成，且居住时间越长与家庭共同流动的人数越多，居住3年以下的流动者平均家庭规模为2.29人，居住3～4年的家庭规模为2.70人，居住5年及以上的家庭规模为2.95人，同时，流动人口在现居地的稳定性继续提升，平均居留时间超过4年，半数的人居留时间超过3年，打算在现居地长期居住的人数占比超半数，流动老人规模呈上升趋势，其中，约8成为低于70岁的低龄流动老人，80岁以上的高龄流动老人占比不足5%。此外，由表3-2也可以看出，举家外出的农村劳动力数量呈不断上升趋势，其数量已由 2010 年的 3071 万人上升至 2014 年的 3578 万人。

可以看出，我国农村劳动力转移正逐渐由"半城市化"的劳动力流动向"准城市化"的人口迁徙演变。可以预见，未来一段时期内，我国农村劳动力流动的稳定性会继续增强，家庭化、长期化迁移的特征将进一步持续。

③.4 本章小结

本章是全书研究的现实基础，主要是对我国农村劳动力转移基本情况进行回顾、分析和展望。首先，以农村劳动力转移政策演变为主线，将我国农村劳动力转移进程分为两个时期七个阶段，以此回顾我国农村劳动力转移历史变迁情况。其次，从总体规模、个体禀赋、产业分布、流动地域及区域流向等方面阐述了我国农村劳动力转移的发展现状。最后，在分析农村劳动力转移的历史变迁及现状的基础上，对未来我国农村劳动力转移的发展趋势进行了展望。

第 4 章

我国农村劳动力转移动因分析

——基于托达罗模型的反思与修正

以发展中国家为研究对象的诸多劳动力转移理论中，最有影响力的当属刘易斯模型和托达罗模型。其中，考虑城市失业问题的托达罗模型更贴近发展中国家的劳动力转移现实，故而得到广泛应用。本章的主要任务是基于托达罗模型这一主线分析我国农村劳动力转移动因。在内容安排上，主要分为四大板块．　是介绍托达罗模型的原始分析框架，并对其在我国的适用性进行分析；二是基于我国的现实背景，分析现阶段我国农村劳动力转移的主要动因；三是结合我国的劳动力转移现实，基于"复杂人"假设就托达罗模型回避非收入动因的局限进行修正，以期丰富模型的理论内涵，使其更贴近我国的劳动力转移现实；四是提出相关研究假设。

4.1 托达罗模型及其在中国的适用性

在劳动力转移研究中，托达罗模型最具代表性。本节主要介绍托达罗模型，并指出该模型与我国劳动力转移现实的不符之处，为后面修正托达罗模型做铺垫。

4.1.1 托达罗模型的原始分析框架

1. 模型理论背景

农村剩余劳动力由传统农业部门流入现代工业部门，为工业部门的长足发展提供所需劳动力，这一劳动力流动模式被视为发展中国家经济发展的普遍规律。刘易斯、费景汉和拉尼斯及乔根森的两部门发展理论在相当长时期内解释了发展中国家的劳动力转移问题。

然而，进入 20 世纪六七十年代，发展中国家的大规模农村人口涌入城市，导致城市人口数量骤然增加。

大量农村人口流入城市，导致城市就业形势日趋严峻，城市劳动力市场供求失衡，加剧了城市失业和就业不足。在此形势下，城市非正规部门①吸纳农村流动劳动力的作用逐渐显现，成为吸纳农村流动人口就业的"蓄水池"（见表4－1）。

表4－1　　　　　农村流动人口在部分发展中国家

城市新增人口的占比重情况　　　　单位：%

国家名称	城市人口年增长率	流动人口在城市人口增长中的占比
印度	3.8	45
巴西	4.5	36
阿根廷	2.0	35
哥伦比亚	4.9	43
印度尼西亚	4.7	49
尼日利亚	7.0	64
菲律宾	4.8	42
泰国	5.3	45
斯里兰卡	4.3	61
坦桑尼亚	7.5	64

资料来源：K. 纽兰. 城市极限：城市人口增长压力的出现［R］. 世界观察报告，1980（38）：10.

20世纪70年代初，在对部分发展中国家考察中发现，城市劳动力大量增加，但却没有体现在正规的现代化部门的失业统计中。流入城市劳动力市场的农村流动人口并非都聚集在城

---

① 刘易斯提出的劳动力转移理论主要聚焦于发展中国家典型的经济二元性，将一国经济划分为传统农业部门和现代资本部门，由此构成了所谓的"二元经济"结构。后来，二元结构分析被运用于城市经济中，将城市经济具体分解为正规部门和非正规部门。

市正规部门，城市非正规部门成为吸纳农村流动人口的重要渠道。城市非正规部门主要以自谋职业和小规模家庭企业为主，涉及的经济活动范围较广，既包括资金、技术要求较低的一些小规模、临时性活动（如修鞋、磨刀、补碗、沿街叫卖、收杂物、玩蛇、打零工等），又包括一些需要一定资金和技术的服务活动（如理发、裁缝、汽车修理、运输等），甚至是技术水平要求较高的专业服务（如自我雇佣的医生、律师、会计师、建筑师等所提供的服务）。

由于门槛低、易进入、规模小等特点，城市非正规部门在价格竞争及工资决定方面具有相对优势，成为农村劳动力由传统农业部门向城市现代部门过渡的一个重要选择。以亚洲、非洲和拉丁美洲为例，部分发展中国家的城市就业人口中，非正规部门的雇佣比例占20%～70%。其中，亚洲地区发展中国家的城市非正规部门就业劳动力占比相对最低（见图4－1），平均约为37.71%；非洲地区部分发展中国家的城市非正规部门就业劳动力占比最高（见图4－2），城市非正规部门就业劳动力占城市劳动力就业的比重平均约为44.5%；拉丁美洲地区发展中国家的城市非正规部门就业劳动力占比位居其次（见图4－3），平均约为41.45%。

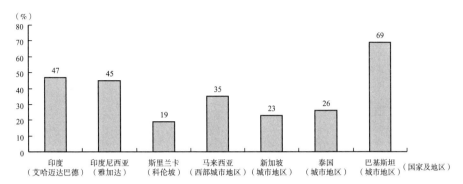

图4-1　亚洲地区部分发展中国家城市非正规部门就业劳动力

占城市劳动力就业比重的估计值

资料来源：［日内瓦］塞瑟拉曼. 发展中国家的城市非正规部门［R］. 国际劳工组织，1981.

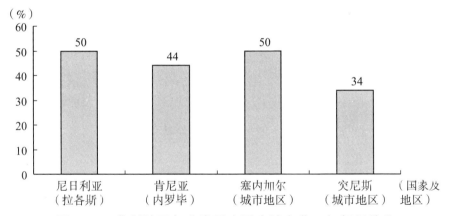

图4-2　非洲地区部分发展中国家城市非正规部门就业

劳动力占城市劳动力就业比重的估计值

资料来源：［日内瓦］塞瑟拉曼. 发展中国家的城市非正规部门［R］. 国际劳工组织，1981.

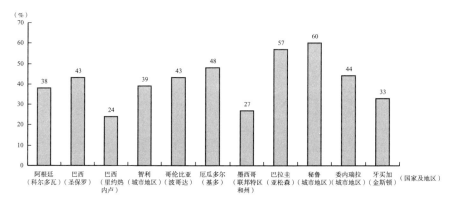

图4-3　拉丁美洲部分发展中国家非正规部门就业

劳动力占城市劳动力比重的估计值

资料来源：［日内瓦］塞瑟拉曼．发展中国家的城市非正规部门［R］．国际劳工组织，1981.

面对发展中国家城市失业不断加剧的情形，传统的劳动力转移理论解释力明显不足。想要有效解释城市失业加剧与农村劳动力大量转移同时并存的现象，必须在理论上另辟蹊径。在这样的时代背景下，托达罗模型应运而生。

2. 模型理论内涵

20世纪60年代末至70年代初，美国经济学家托达罗（Michacl P. Todro）发表了以《欠发达国家的劳动力迁移模型和城市失业问题》为代表的一系列经典论文，对城市失业与劳动力转移同步增长的现象进行解释，提出一个适用性更强、更贴近发展中国家现实的劳动力转移模型。与建立于充分就业基础上的二元经济结构理论相比，托达罗模型以发展中家城市存在普遍失业为研究前提，将农村劳动力向城市转移视为经济发展的内生现象，从劳动力转移决策的微观视角揭示劳动力转移动因，阐释了二元经济结构理论无法解释的现实难题。

（1）模型假说。

基于发展中国家城市失业较为普遍的现实背景，托达罗从劳动力转移决策的微观视角出发，系统分析劳动力城乡转移的基本机制和影响因素。为更好地解释发展中国家的劳动力转移现象，托达罗提出如下假说：

假说1：劳动力城乡转移基本是一种经济现象，劳动力城乡流动行为取决于对相对收入和成本的理性考虑。其中，经济因素占据主导地位，也包括心理因素。

假说2：劳动力城乡转移由预期[①]的城乡收入差距决定，预期城乡收入差距由城乡收入差距和城市就业概率两个因素共同决定。

假说3：农村流动人口在城市部门的就业概率取决于城市就业率和城市失业率，与前一因素成正比，而与后一因素成反比。

假说4：劳动力流动率高于城市就业机会增长率是可能且合理的，甚至会加剧城乡预期收入差距。对发展中国家而言，

_____

① 突出预期的作用是托达罗模型与刘易斯二元经济结构理论的主要差异。

城市高失业率是城乡经济发展失衡的结果。

（2）基本假设条件。

①两部门，即发展中国家的整个国民经济可以划分为乡村农业部门和城市现代部门①，乡村农业部门生产农产品，城市现代部门生产工业制成品。两部门之间存在自由的商品交易和劳动力流动。

②农业部门的劳动力边际生产率均为正，不存在剩余劳动力。这表明，农村劳动力的转移存在正的机会成本。

③城市最低工资线由制度外生决定，故而高于市场出清的均衡水平②，导致城市失业。

④城市就业概率＝现代部门新增就业机会÷城市失业量。

由此可知，严重的城市失业将会降低农村劳动力在城市的就业概率，农村劳动力转移受到抑制，农村劳动力转移规模缩小；反之，城市现代部门新创造的就业机会越多，则就业概率越高，进而使得劳动力流入城市的规模增大。

⑤就边际的角度而言，只要现代工业部门的边际期望收入高于农业部门收入，农村劳动力转移将会一直持续持续下去，直至二者相等为止。

⑥在两部门的劳动力市场上，雇主依据边际生产力定价原则来确定劳动力价格（即工资）。

---

① 城市现代部门又可细分为正规部门和非正规部门两种。
② 在劳动力市场出清的均衡水平上，劳动力需求和劳动力供给相等。

⑦农产品价格由工农业部门的相对产量简单决定。产量较小的部门，产品价格较高。

（3）模型基本内涵[①]。

托达罗认为，发展中国家城市移民人数猛增是经济发展的一种内生现象。农村劳动力向城市转移的根本动机是追求预期城乡收入差距。预期的城乡收入差距越大，向城市流动的农村劳动力规模越大。

由此，农村劳动力的转移决策可表示如下：

$$M = f(d), \quad f' > 0 \qquad (4-1)$$

式（4-1）中，M表示农村劳动力的流动数量，d代表城乡预期收入差距，$f' > 0$表示劳动力转移数量是预期城乡收入差距的增函数。

托达罗假设，预期城乡收入差距是预期城市收入与农业部门收入的差值。其中，城市部门的实际工资与城市就业概率的乘积等于预期城市收入，而预期农业部门收入等同于实际的农村收入[②]。即：

$$d = w\pi - r \qquad (4-2)$$

其中，w表示城市实际工资收入，π表示城市就业概率，r表示农村实际收入。

根据上述分析，农村劳动力流动存在三种可能性：首先，

---

①　［美］托达罗. 第三世界的经济发展［M］. 北京：中国人民大学出版社，1988.

②　在托达罗模型中，城镇存在大量失业，农村不存在失业问题。

只要预期的城乡收入差距大于零，那么劳动力由农村向城市的转移就会一直继续下去。其次，农村劳动力流入城市劳动力市场，导致城市劳动力市场劳动供给增加，由此导致城市失业加剧或城市劳动力市场工资降低，进而促使预期的城市收入与农村收入相等时（即：预期城乡收入差距为零），劳动力城乡转移就会停止。最后，如果预期城乡收入差距为负，即预期的城市收入低于农村收入，那么已经进城的劳动力会向农村回流。

而后，托达罗对就业概率进行界定，认为某一期的就业概率由现代部门新增就业机会和城市失业量两个因素决定。为此，农村劳动力的城市就业率与现代部门新增就业机会成正比，与城市失业量成反比。具体关系表示如下：

$$\pi = \frac{\gamma N}{S - N} \qquad (4-3)$$

其中，γ 表示现代部门新增就业率，N 表示现代部门的就业总量，S 表示城市劳动力总量。由此，式（4-3）中的分子表示城市现代部门新创造的就业机会，分母则表示城市失业总量。

此外，托达罗还指出，城市现代部门新增就业机会与工业产出增长率和现代部门劳动生产率增长率两个因素密切相关，即：

$$\gamma = \lambda - \rho \qquad (4-4)$$

其中，λ 为工业产出的增长率，ρ 为现代部门劳动生产率增长率。

至此为止，通过托达罗模型的上述分析可知，城市失业越严峻，农村劳动力的就业概率就越低，城市预期收入因此下降，劳动力的乡—城流动规模减小。而当现代部门的工作创造率和城市工资收入的增长率高于城市失业量的增长率时，农村劳动力的流动规模将继续增长。

上述模型是一个总量模型。对于迁移个体而言，托达罗认为迁移者进入城市之后，往往难以马上就在城市现代部门找到工作，他们是在城市停留的时间越久，在城市现代部门就业的概率就越高。为贴近发展中国家的现实，托达罗强调应将劳动力流动的行为模式置于某一连续时期范围内。由此建立了农村迁移个体在城市现代部门就业前的 n 期净收入贴现值公式，具体如下：

$$V(0) = \int_{t=0}^{n} \left[p(t) Y_u(t) - Y_r(t) \right] e^{-rt} dt - C(0) \quad (4-5)$$

式（4-5）中，V(0) 代表在计划期内迁移个体的预期城乡收入差距净贴现值，$Y_u(t)$、$Y_r(t)$ 分别表示第 t 期的城市现代部门工资和农业部门工资，n 为计划范围内的时期数，r 为贴现率①，p(t) 为第 t 期时农村劳动力在城市找到工作的概率，C(0) 为迁移者期初的迁移成本。需要注意的是，此

---

① 托达罗将其解释为迁移者的时间偏好程度。

处的 p(t) 与 π 的含义存在差异。p(t) 表示 t 期前迁移者累积的就业概率，在 $Y_{it}(t)$ 和 $Y_r(t)$ 不变的情况下，迁移者在城市滞留时间越长，其累积就业概率越高，进而其预期收入越高，π 则表示某一时期迁移者被雇佣的概率，二者之间的关系如下所示：

第 1 期：
$$P(1) = \pi(1) \qquad (4-6)$$

第 2 期：
$$P(2) = \pi(1) + [1 - \pi(1)]\pi(2)$$
$$= P(1) + [1 - P(1)]\pi(2) \qquad (4-7)$$

⋮

第 t 期：
$$p(t) = \pi(1) + \sum_{i=2}^{t} \pi(t) \prod_{j=1}^{i-1} [1 - \pi(j)] \qquad (4-8)$$

依据式（4-5），农村劳动力转移规模是预期城乡收入差距净贴现值的函数，即为：

$$M = f[V(0)], \quad f' > 0 \qquad (4-9)$$

式（4-9）中，$f' > 0$ 表明劳动力迁移是预期城乡收入差距净贴现值的增函数。若 $V(0) > 0$，迁移者净收益为正值，此时农村劳动力会选择向城市流动，且 $V(0)$ 越大，农村劳动力流动的规模越大；反之，若 $V(0) < 0$，农村劳动力则不会向城市流动，导致流入城市的农村劳动力数量不变甚至减少。在托达罗看来，发展中国家城市移民数量增加，主要是城乡经济发展不平衡所致，是预期城乡收入差距扩大的必然结果。

3. 模型政策含义

托达罗模型分析了发展中国家城市失业背景下的劳动力转移问题,将劳动力转移视为一种基本的经济现象。依据上述分析,可以得出如下政策含义。

(1) 减轻由发展战略偏重城市导致的城乡就业机会不平均现象。

托达罗指出,预期城乡收入差距是影响农村劳动力流动的主要因素。当城市工资水平增长速度超过农村收入的增长速度,必然会吸引更多的农村劳动力进入城市,进一步加剧城市失业态势。这不仅会对城市经济社会发展形成负面影响,还会使农村地区出现劳动力短缺,进而影响农村生产,由此造成的社会成本甚至远高于迁移者的个人收益。为此,缩小城乡差距,对于控制农村劳动力过度流动极为重要。

(2) 创造城镇就业机会无助于解决城镇就业。

工业扩张必然伴随着劳动力需求的迅速上升。依据托达罗模型,现代部门工作创造率越高,则农村劳动力城市就业概率越高。此时,即便城乡收入差距保持不变,就业概率提升导致的预期城乡收入差距扩大也会吸引大量农村劳动力向城市流动。在发展中国家,受政治因素影响的城市工资水平远高于农业平均收入,一般高约 2~4 倍。据粗略估计,城市现代部门每新增 1 个就业机会,就会引 2~3 个农村劳动力向城市流入。以此类推，如果现代部门新创造 100 个就业机会，那么就会吸引高达 300 个农村劳动力，最终便会产生 200 个城市失业人员。由此可知，盲目创造就业机会不仅不利于缓解城市失业压力，反而会导致城市失业问题更加严峻。基于上述分析，托达罗认为，"开创城镇就业机会无助于解决城镇就业问题"①。

（3）鼓励农村的综合开发规划。

托达罗认为，政府在解决城市失业问题时不能单靠工业扩张，还需应正确处理工业和农业的关系，改变以往重工业、轻农业的发展战略，将农业和农村发展置于重要位置。要鼓励农村综合开发，通过加大农业投入、推动科技进步，改善农业生产条件和农村生活条件。通过农村和农业的发展，增加农村就业机会和收入水平，适度平衡农村和城市收入，削弱农村劳动力进城的原始动力，进而减缓城市失业压力。从长远来看，这种从城市就业供给角度缓解城市失业问题的政策效果会好于从城市就业需求角度制定的各项政策（如工资补贴、政府直接雇用、消除要素价格扭曲等）。

（4）不加区别地发展教育事业会加剧劳动力转移和失业。

通常而言，农村劳动力向城市流动的速度远大于城市就业机会创造速度，由此形成大量城市劳动力过剩。在同等工

---

① ［美］托达罗. 第三世界经济发展 ［M］. 北京：人民大学出版社，1988：356 - 357.

资标准下，文化程度相对较高者在就业市场上竞争力更强，由此提高了原本只需要相对较低文化程度便可胜任的就业岗位的文化程度要求，造成人力资源闲置。由此可见，农村劳动力的文化程度越高，其成功谋得现代部门工作机会的概率相对更高，由此形成的城市收入预期会较高，从而提高了其向城市转移的概率。

从教育政策的角度来看，个人的教育需求在某种程度上是对城市工作机遇的衍生需求，而城市工作机会的相对稀缺导致学生提高自身教育层次的压力增加，迫使政府部门加大对中高等教育机构的投资。伴随教育的不断扩张，高校培养出的知识型劳动力数量远多于现代部门创造的工作机会，知识失业渐成事实。政府对教育失业的过度投资（高等教育更应如此），常常演化为对闲置人力资源的投资。

4.1.2 托达罗模型在我国的适用性分析

托达罗模型阐释了发展中国家城市失业背景下的劳动力转移一般规律。然而，由于资源禀赋、历史传统、经济发展阶段的不同，每个发展中国家的劳动力转移现实也不尽相同。在借鉴托达罗模型分析我国农村劳动力转移问题时，既要把握发展中国家劳动力转移面临的共性情况，也要注意我国面临的特殊情形。由此，对托达罗模型在中国的适用性进行审慎分析显然极为必要。结合本书的研究主旨，以下主要从积极意义和模型反思两个方面展开论述。

1. 托达罗模型的积极意义

托达罗模型将被传统劳动力流动理论忽略的城市失业纳入研究视野，将劳动力转移归因于对城乡预期收入差距的追求，扩宽了对发展中国家农村劳动力转移问题的分析思路。该模型提出后，受到众多经济学家的赞扬。正如威利斯（R. Willis，1980）所言，"没有任何一个人像托达罗那样对第三世界城市高失业率和农村转移劳动力大量涌入城市并存现象作出如此令人信服的解释，这种解释已经导致了大多数经济学家的观点发生重大改变"。

现阶段，托达罗模型对理解我国的农村劳动力转移问题依然具有重要的参考价值。由于历史性原因，我国二元经济结构由来已久，主要表现为以下两点。

一是显著的城乡收入差距。自改革开放以来，我国经济社会发展取得了巨大的成就，城乡居民的收入水平不断提高。现实中，我国城乡收入差距虽有缩小趋势，但依然维持在 3 左右的较高水平，超过了国际社会公认的 1.5∶1 ~ 2∶1 的城乡收入差距数值。二是广泛存在的城乡隐性失业。农村富余劳动力流入城市，加剧了城市隐性失业显性化的态势。虽然现阶段我国城镇登记失业率处于 5% 左右的稳定水平，但隐性失业却广泛存在。具体来看，三大产业的隐形失业率估算情况如表4－2所示。其中，第一产业的隐形失业率处于较高水平，基本在30%左右；第二、三产业的隐形失业率低于第一产业，但明显高于城镇登记失业率。面对这一情况，如何在城镇隐性失业的背景下引导农村富余劳动力合理流动，已成为一个重要课题（许峰，1999）。托达罗模型的突出之处在于统筹考虑劳动力流动与城镇化过程，这对解决我国的农村劳动力转移问题具有可借鉴性。

表4－2　　　　　三大产业隐形失业情况测算结果　　　单位：%

年份	第一产业隐形失业率	第二、第三产业隐形失业率
1985	27.9	9.0
1986	27.8	8.8
1987	28.1	8.6
1988	29.1	8.5
1989	30.9	8.6
1990	36.2	7.5
1991	36.7	7.6
1992	36.5	7.5
1993	35.1	7.0
1994	33.0	6.8
1995	30.5	6.5
1996	28.7	6.2
1997	28.7	5.9

年份	第一产业隐形失业率	第二、第三产业隐形失业率
1998	29.2	4.8
1999	30.3	4.5
2000	31.1	4.2
2001	32.0	3.9
2002	32.9	3.7
2003	32.6	3.4

资料来源：根据《中国统计年鉴（2004年）》相关数据计算得出。

由此，托达罗认为，农村劳动力向城市转移的根本原因是农村部门劳动力对工业部门的"期望工资"高于本部门（邢艳霞、张德红，2005）。当工业部门的期望工资高于农业部门时，农村劳动力会向城市流动；反之，则不流动。对于经历大规模农村劳动力转移的中国而言，托达罗模型所蕴含的核心思想对我国城镇化发展具有积极意义。

2. 托达罗模型的理论局限

作为一个发展中国家，我国是典型的二元经济结构国家。但同时，我国的经济制度、社会制度及经济发展路径与其他发展中国家存在显著差异（原新，1998）。为此，在借鉴托达罗模型时，须结合我国的现实情况进行必要的甄别和修正，不可原样照搬。

需要说明的是，受篇幅和精力所限，本书仅就托达罗模型关于劳动力转移动因相关分析的不足之处进行剖析，以此为后续的托达罗模型修正进行铺垫。

（1）关于模型"经济人"假设的局限。

如曼昆所言，"假设可以使解释这个世界更容易"。合理的理论假设是模型得以成立的重要前提。人性假设是对人本质属性的基本认识，是科学解释个体行为动机的关键。在主流经济学的研究视野中，追求利益最大化是个体从事经济活动的基本准则。作为经济学的逻辑起点和理论基石，"经济人"假设（Hypothesis of Economic Man）是经济学理论对人本质属性的抽象和提炼。基于"经济人"假设，托达罗模型将劳动力转移视为一种受比较经济利益驱动的理性行为，仅从收入预期单一维度解释劳动力转移动因，回避了迁移者行为动机的复杂性及动态性。就现阶段我国农村劳动力多元利益诉求的客观现实来看，托达罗关于"经济人"的人性假设与我国现实存在不符之处。

行为经济学的兴起和发展，将个体行为研究向更细致、更深入、更现实的层面推进。行为经济学从微观视角出发，将心理基础纳入至个体行为动机研究，从社会属性角度丰富人的异质性行为基础（贺京同、那艺、董洁，2007）。行为经济学认为，个体行为不仅受物质利益驱动，也会被心理和情感等非物质因素所驱（董志强、洪夏璇，2010）。这对于理解农村劳动力转移的深层动因具有重要启示。

随着我国经济社会的快速发展，农村劳动力对非经济福利的重视程度不断提升，转移动机逐渐逾越单一的工资收入追求，向多元化利益需求转变，这一现实情况理应纳入研究视野。在解释我国农村劳动力转移动因时，需统筹兼顾农村流动劳动力的各方面诉求。而要解决托达罗模型忽视潜在转移者多元诉求的理论不足，必须正视人性的复杂性，提出能够统摄迁移个体人性全貌的假设前提，并据此挖掘农村劳动力迁移的深层动因。对托达罗模型赖以建立的人性假设进行修正，是提高该模型在我国适用性的客观要求。本书将在后续章节对托达罗模型中的"经济人"假设进行修正，以期合理提出非收入预期因素提供理论支持。

（2）关于模型劳动力转移决策影响因素的反思。

除人性假设外，托达罗模型关于劳动力转移决策影响因素的分析与我国现实情况也存在不符。

强调预期是托达罗模型与传统劳动力流动理论的重要差别，在某种程度上也是对刘易斯理论的间接否定（王学真、郭剑雄，2002）。托达罗认为，潜在的迁移者是理性经济人，农村劳动力转移的根本原因在于追求预期城乡收入差距。托达罗模型强调收入预期因素对农村劳动力转移决策的影响，解释了我国过去一段时间的农村劳动力城乡转移现象。

随着我国社会发展进步和生产力水平提高，人们的物质生活需求得到极大满足，对精神生活的需求不断提升。正如马斯洛所言，人的需求是连续不断的、复杂的、无休止的，而非单一、静态、固定的。与土地、资本等生产要素不同，劳动力具有"社会理性"特征。现阶段，我国农村流动劳动力的需求格局和价值取向日趋复杂，其利益诉求已经逾越了单纯的经济诉求满足，呈现出多元利益需求的导向。除预期收入差距外，就业机遇、婚姻机遇①、子女教育、公共服务设施和福利、自我实现机会等非经济因素对农村劳动力转移的影响日渐重要。为此，城乡预期收入差距不是农村劳动力转移的唯一动因，尚不足以对农村劳动力形成长期持续激励（王春超，2005），更合理的分析应是将非收入预期因素纳入农村劳动力转移决策体系。本书后续章节将就托达罗模型遗漏非收入预期因素的不足进行修正。

4.2 我国农村劳动力转移的背景及动因

托达罗模型基于预期城乡收入差距分析农村劳动力转移问题，而对其他可能的影响动因考虑不足。现实中，我国农村劳动力转移不仅受收入因素驱动，还与诸多因素相关。具体来说，

---

① 已有文献多关注女性迁移者的婚配需求，忽略了男性迁移者的婚配需求。实际上，由于存在"婚姻挤压"效应，农村适龄女性短缺，男性迁移者的婚配问题更加迫切。

当前我国农村劳动力转移动因主要表现为以下四个方面。

4.2.1 收入动因

基于前述分析可知，托达罗模型将劳动力城乡转移归因于预期城乡收入差距。经济视角的研究认为，农村劳动力转移是生产力发展的客观要求和非农产业迅速扩张的产物，行业或地区间的经济增长"势差"是吸引农村劳动力向非农产业转移的主要驱动力，体现了劳动者对最优报酬的追求（范剑平，1985；孙道伦，1987；于天义，1993）。

改革开放40多年以来，随着经济体制改革的全面深化，我国经济快速发展。但在优先发展重工业的工业化战略及城乡分割政策的影响下，我国经济社会发展呈城乡割裂格局，虽然近年来我国农村居民收入不断提高，但城乡之间、地区之间、行业之间的劳动报酬差异并未消除。在此背景下，农村劳动力对当前市场劳动报酬的比较和对预期市场劳动报酬的比较，就形成了农村劳动力转移的收入动因。

以城乡收入差距为例，改革开放以来，我国城乡收入差距除1978~1985年的短期缩小外，大致呈波浪形不断拉大和走高态势（余新民，2008）。以城乡居民收入比衡量城乡收入差距来看，我国城乡居民收入之比在波动过程中主要呈现五个时段特征（见表4-3）。1978~1985年，我国城乡收入比呈降低趋势，收入差距从 1978 年的 2.57 降至 1985 年的 1.86；1986 ~ 1994 年，城乡收入比小幅上升，城乡收入差距由 1990 年的 2.20 升至 1994 年的 2.86；1995 ~ 1997 年，我国城乡收入比小幅降低，城乡收入差距由 1995 年的 2.71 降至 1997 年的 2.47；1998 ~ 2009 年，我国城乡收入比呈总体上升趋势，城乡收入差距由 1998 年的 2.51 快速上升至 2009 年的 3.33；2010 年以来，我国城乡收入比连续下降，城乡收入差距由 2010 年的 3.23 缩小 2015 年的 2.95。

表 4 – 3　　　　1978 年以来我国城乡收入差距变动情况

年份	城镇居民人均可支配收入		农村居民人均纯收入		城乡收入差距
	绝对数（元）	指数（1978 = 100）	绝对数（元）	指数（1978 = 100）	
1978	343.4	100.0	133.6	100.0	2.57
1980	477.6	127.0	191.3	139.0	2.50
1985	739.1	160.4	397.6	268.9	1.86
1990	1510.2	198.1	686.3	311.2	2.20
1991	1700.6	212.4	708.6	317.4	2.40
1992	2026.6	232.9	784.0	336.2	2.58
1993	2577.4	255.1	921.6	346.9	2.80
1994	3496.2	276.8	1221.0	364.3	2.86
1995	4283.0	290.3	1577.7	383.6	2.71
1996	4838.9	301.6	1926.1	418.1	2.51
1997	5160.3	311.9	2090.1	437.3	2.47

续表

年份	城镇居民人均可支配收入		农村居民人均纯收入		城乡收入差距
	绝对数（元）	指数（1978＝100）	绝对数（元）	指数（1978＝100）	
1998	5425.1	329.9	2162.0	456.1	2.51
1999	5854.0	360.6	2210.3	473.5	2.65
2000	6280.0	383.7	2253.4	483.4	2.79
2001	6859.6	416.3	2366.4	503.7	2.90
2002	7702.8	472.1	2475.6	527.9	3.11
2003	8472.2	514.6	2622.2	550.6	3.23
2004	9421.6	554.2	2936.4	588.0	3.21
2005	10493.0	607.4	3254.9	624.5	3.22
2006	11759.5	670.7	3587.0	670.7	3.28
2007	13785.8	752.5	4140.4	734.4	3.33
2008	15780.8	815.7	4760.6	793.2	3.31
2009	17174.7	895.4	5153.2	860.6	3.33
2010	19109.4	965.2	5919.0	954.4	3.23
2011	21809.8	1046.3	6977.3	1063.2	3.13
2012	24564.7	1146.7	7916.6	1176.9	3.10
2013	26955.1	1227.0	8895.9	1286.4	3.03
2014	29381.0	1310.5	9892.0	1404.7	2.97
2015	31790.3	1396.9	10772.0	1510.1	2.95

资料来源：《中国统计年鉴（2016）》。

按照收入绝对数计算，城乡居民的收入差距显得更为直观。由表4-3可知，1978年我国城乡居民的收入差距为209.8元，至2008年城乡居民收入差距为11020.2元，到2015年城乡居民的收入差距达 21018.3 元，较 1978 年的城乡收入差距增长了近 100 倍。按照收入相对数计算，20 世纪 90 年代以来，城镇居民人均可支配收入的增长总体高于农村居民人均可支配收入增长。以 1998~2003 年为例，这一时期农村居民的人均可支配收入增长率仅为城镇居民人均可支配收入年均增速的 45%。

需要注意的是，如果考虑到城镇居民享有的住房、医疗、物价补贴及实物福利等非货币项目也在其收入范围之内，而农村居民的收入不仅要扣除生产资料费用，还需支出住房、医疗等项目，实际上我国城乡收入比可能高达 5:1，甚至是 6:1（赵满华，1997；张小林，2009），这一比例大大超过国际社会公认的 1.5:1~2:1 的城乡收入差距数值。依据国际劳工组织调查，目前城乡人均收入比超过 2 的国家仅有 3 个，我国名列其中。如果将实物性收入和补贴计入个人收入，那么我国的城乡收入差距可能会居世界第一（李实，2003）。此外，倘若考虑城乡不同收入人群之间的比较，城乡收入差距可能会更大。据估算，城市 20% 的最高收入人群和农村 20% 的最低收入人群之间的收入差距，已从 20 世纪 90 年代的 4.5:1 扩大至近几年的 12.66:1，甚至于更大（许文兴，2007）。

从劳动力资源配置的现实效果来看，农村劳动力在城市就业获取的工资收入普遍高于务农收入（孙晓明、刘晓昀等，2005）。在一定的时间和两地人口数量既定的情况下，城乡和地区间的收入差距越大，收入动机诱发的农村劳动力转移就越多（吴加庆、古龙高，2004）。

4.2.2 职业动因

职业状况与个人经济地位和社会地位密切相关。农村劳动力流动的实质是职业流动问题（彭文慧，2014）。就我国现实情况来看，潜在的农村转移劳动力不仅追求预期收入差距，职业因素无疑也是农村劳动力向城市转移的重要动力。通过非农就业实现职业转换和空间迁移，是农村劳动力实现城镇化的重要途径（解永庆、缪杨兵等，2014）。具体而言，农村劳动力转移的职业动因主要体现在以下两个方面：

一是非农职业选择。（1）农业主要分布于农村地区，故农村劳动力就业主要局限于第一产业，职业种类单一。以务农为例，由于农业是典型的风险产业，收益不稳定，且我国当前农业生产力水平低下，生产要素落后，农业劳动生产率不高，农业产值与其他行业相比存在明显较低，故农民生产积极性不高。如表4-4所示，我国农业部门的劳动生产率与工业部门存在较大差距，工业部门的劳动力生产率是农村劳动力生产率的5倍左右。由经济学理论可知，商品的价值取决于生产商品的社会必要劳动时间，与某部门的比较劳动生产率正相关。也就是说，当某部门的比较劳动生产率较高，其商品的价值量会高于实际劳动消耗；反之，则商品的价值量不足以抵消实际劳动消耗。

在城乡要素平等交换的情况下，比较劳动生产率更较高的生产部门所得收入更高，比较劳动生产率低的生产部门所得收入相对较少。如表4-5所示，工业部门劳动生产率较高，故其创造的产值也相对较高，农业部门劳动生产率较低，其创造的产值不高。并且，农业部门创造的产值虽不断增加，但占GDP总量的比重却逐年降低，劳动力占比呈减少趋势。与发达国家3%~5%的农业就业比重相比，我国农业就业人数依然偏多。未来一段时期，我国仍会有大量农村劳动力向城市转移。

表4-4　　　　　我国城乡工农产业劳动生产率情况　　　　单位：%

年份	第一产业	第二产业	第二产业/第一产业
1978	0.55	2.15	3.91
1980	0.52	2.21	4.25
1985	0.51	1.87	3.67
1990	0.45	1.94	4.31
1995	0.36	2.29	6.36
1999	0.35	2.14	6.11

资料来源：根据《中国统计年鉴（2000）》的相关数据计算得到。

表4-5　　　　我国城乡工农产业产值及就业人数情况

年份	总值		第一产业				第二产业			
	GDP（亿元）	就业总量（万人）	产值（亿元）	占比（%）	就业量（万人）	占比（%）	产值（亿元）	占比（%）	就业量（万人）	占比（%）
1978	3678.7	40152	1018.5	27.69	28318	70.53	1755.2	47.71	6945	17.30
1980	4587.6	42361	1359.5	29.63	29122	68.75	2204.7	48.06	7707	18.19

续表

年份	总值		第一产业				第二产业			
	GDP（亿元）	就业总量（万人）	产值（亿元）	占比（%）	就业量（万人）	占比（%）	产值（亿元）	占比（%）	就业量（万人）	占比（%）
1985	9098.9	49873	2541.7	27.93	31130	62.42	3886.5	42.71	10384	20.82
1990	18872.9	64749	5017.2	26.58	38914	60.10	7744.3	41.03	13856	21.40
1995	61339.9	68065	12020.5	19.60	35530	52.20	28677.5	46.75	15655	23.00
2000	100280.1	72085	14717.4	14.68	36043	50.00	45664.8	45.54	16219	22.50
2005	187318.9	74647	21806.7	11.64	33442	44.80	88084.4	47.02	17766	23.80
2010	413030.3	76105	39362.6	9.53	27931	36.70	191629.8	46.40	21842	28.70
2015	685505.8	77451	60870.5	8.88	21919	28.30	280560.8	40.93	22693	29.30

资料来源:《中国统计年鉴（2016）》。

（2）相比之下，城市以第二、三产业为主，城市可供农村劳动力选择的职业类型丰富多样。由第3章可知，农村劳动力转移就业主要集中于第二产业，第三产业的吸纳能力正在逐步增强。并且，随着农村劳动力人力资本积累的提升及其择业观念的转变，"去体力化"就业趋势凸显，职业流动态势逐步由技术含量低的"体力型"行业向技术含量高的"体面型"行业转变。特别是当前新生代农村劳动力渐成主流，农村劳动力通过非农就业转换实现转移的期望更加明显。

二是职业技能积累。根据卢卡斯的人力资本理论（Lucas，2004），城市工业部门要求劳动力至少具备最低程度的人力资本水平，只有满足如此要求的农村劳动力才可以在城市成功就业。这说明，人力资本水平对农村劳动力的城市就业具有重要影响，较低的人力资本通常会导致农村劳动力难以在城市立足。目前，我国农村劳动力文化素质不高，职业技能匮乏。由于文化水平难以在短期内迅速提高，技能培训就成为提升农村劳动力人力资本的有效途径。近年来，我国针对农村劳动力群体开展了多种技能培训，但因存在针对性不强、覆盖面窄、重理论轻实践、与市场需求脱轨等问题，培训效果不理想，一定程度上影响了农村劳动力技能水平的提升[①]。为获取理想的机会收益，农村劳动力寄希望于通过外出务工掌握专业知识和职业技能，以此提升自身人力资本水平，实现稳定就业。尤其是新生代农村劳动力，他们普遍乡土情结淡薄，不愿留在农村从事农业生产活动，而是希望在城市务农期间提升技能水平，增强人力资本积累，以此拓宽城市职业发展空间。

需要说明的是，虽然职业动因或多或少地带有经济成分，但与纯粹的收入动因有重要区别。由职业动因激励的农村劳动力转移在一定层面和一定程度上存在，且呈上升趋势。

4.2.3　情感动因

除收入动因和职业动因外，农村劳动力转移还受情感动因

[①] 杨召奎. 农民工技能培训情况尚不理想［N］. 工人日报，2015 - 11 - 12.

影响。对于潜在的农村转移劳动力而言，其情感需求体现在以下三个方面。

一是婚恋诉求。20 世纪 80 年代以来，我国出生人口性别比（即出生 100 个女婴对应出生的男婴数）持续上升。由表 4-6 所示，我国我国出生人口性别结构严重失衡，尽管近年来出生人口性别比例失衡有所下降，但依然处于偏高水平[①]。

表 4-6 我国出生人口性别比情况

年份	性别比	变动趋势
1980	102.61	—
1985	107.81	上升
1990	111.14	上升
1995	117.77	上升
2000	117.86	上升
2005	118.59	上升
2010	117.94	下降
2011	117.78	下降
2012	117.70	下降
2013	117.60	下降
2014	115.88	下降
2015	113.51	下降

资料来源：历次全国人口普查公报及年度统计公报。

---

① 杜梦飞. 光棍危机! 中国性别比失衡 5 年后光棍接近澳总人口 [EB/OL]. 中国网，2015-09-02.

与此同时，随着农村劳动力流动政策的变迁，人口流动的政策障碍不断被破除，由此导致大量农村人口流入城市，城乡人口性别结构发生变化（见表4-7）。在此背景下，受性别比例失衡、青壮年劳动力流失及择偶梯度选择①的复合影响，农村青年（尤其是男性②）往往难以在农村找到适龄的婚恋对象，婚姻匹配的矛盾不得已向外转移，为解决择偶困境，农村青年劳动力往往倾向于通过外出务工积累财富、提高择偶竞争力及未来婚姻的质量。

表4-7 我国城乡人口性别结构情况

年份	城市人口性别比	城镇人口性别比	乡村人口性别比
1982	107.61	115.58	104.33
1990	106.49	105.58	105.99
2000	105.12	105.51	106.91
2010	104.65	105.32	104.87

资料来源：历次人口普查数据。

二是子女教育诉求。近年来，我国教育事业发展迅速，但教育制度的二元性分割性造成城乡教育的巨大差距（程开明，

---

① 择偶梯度效应是指"男性择偶向下找，女性择偶向上找"，择偶梯度效应表现在男性身上是降低效应，而表现在女性身上是提高效应，故而高层次的女性和低层次的男性都面临着择偶困境。

② 2015年公布的《中国家庭发展报告2015年》显示，未婚男性多集中在农村地区，而未婚女性更多集中在城镇地区。

2010)。农村劳动力的子女教育情感诉求主要源于对城市优质教育资源和教育机会的追求。关于城乡教育差距，可从两个方面进行考察：第一是城乡各受教育程度的人口比重，这是城乡教育差距的直观反映。如表4-8所示，城市居民中受教育程度为初中以上的人口比重明显高于农村，其中，高中及以上的人口比重差距尤为突出；相对而言，农村居民中受教育程度为初中及以下的人口所占比重占主导地位，高中及以上教育程度的人口占比明显较低。第二是各教育阶段学校数的城乡占比，主要反映教育机会的分配。以高等教育为例，由于小学至高中各阶段教育质量逐层积累，并与现行的高考录取客观向城市倾斜等原因相互联动，造成大学生出生地域向城市高度集中，农村学生明显处于劣势地位（张玉林，2002）。一项面向全国37所高校的调查显示，高等教育机会的城乡差距达4.8（张国平、邱风等，2007）。这意味着城乡教育机会差距随教育阶段的升高而扩大，呈"倒金字塔"之势。

表4-8　　　城乡居民各受教育程度的人口比重情况　　单位:%

受教育程度	城市居民				农村居民			
	1982 年	1990 年	1999 年	2000 年	1982 年	1990 年	1999 年	2000 年
文盲、半文盲	17.63	12.21	20.14	11.26	37.74	27.62	34.53	18.45
小学	39.28	33.53	26.58	23.55	64.91	61.76	40.93	42.55
初中	36.54	37.41	30.34	35.34	27.08	31.34	20.80	33.20

续表

受教育程度	城市居民				农村居民			
	1982 年	1990 年	1999 年	2000 年	1982 年	1990 年	1999 年	2000 年
高中、技校	20.27	22.00	18.08	21.08	7.82	6.59	3.57	5.30
大专及以上	3.91	7.06	4.86	8.77	0.19	0.24	0.16	0.48

资料来源：景跃军. 中国人口文化程度的城乡、地区差异及分析 ［J］. 人口学刊，1992（4）：12－17.

程开明. 从城市偏向到城乡统筹　城乡关系研究特征研究 ［M］. 杭州：浙江工商大学出版社，2010：42－56.

随着农民收入水平和生活质量的提升，基于自身阅历和切身体验，农村家长对子女教育的重视与日俱增，以关注子女教育为中心的家庭推力逐步增大，为使子女享受更优质的教育资源，越来越多的农村家长不惜承受高昂的迁移成本到县城甚至大都市就业和定居，教育移民已成为中国社会不可忽视的现象。

三是社会交往诉求。农村劳动力在流动过程中积累的社会网络资源与其非农就业密切相关（林南，2005；章元、陆铭，2009）。良好的社会交往，有利于获取更多就业机会，增强非农就业稳定性和城市融入。现实中，我国农村劳动力的社会交往具有规模小、紧密度低、趋同性高、亲缘关系为主导等不足（王毅杰、童星，2004），亟待由原始社会资本向新型社会资本转变（白南生、李靖，2008）。为提升社会资本、谋求情感支持及增强社会融合，农村劳动力希望在转移过程中拓宽社会交际，以此改善已有社会网络。

4.2.4　发展动因

与经济学理论聚焦于"经济理性"相比，社会学视角从更广泛的"社会理性"视角解释个人的社会行动。伴随着现代社会物质基础的不断夯实，农村劳动力外出动因逐步突破生存理性选择和经济理性选择，向更高层次的社会理性选择跃迁（文军，2001）。现阶段，我国农村转移劳动力的社会诉求日趋丰富，并逐步由生存型向发展型转变（涂敏霞，2012）。其中，尤以新生代农村劳动力的发展诉求最为强烈。落实以人为本的新型城镇化，需回归到个体多样化的需求和权益，落实和促进具体个人的发展诉求[①]。基于稳定预期角度而言，农村劳动力的发展动因主要体现于职业发展预期和城市融入预期两个方面，具体如下。

一方面，职业阶层向上流动预期是影响农村劳动力转移的发展动因。此处的职业向上流动与前述提及的职业动因有所区分，上述的职业动因主要是指潜在农村转移劳动力的初职择业期望，体现的是由农业向非农职业的横向转换；而此处所述的职业向上流动则是指潜在农村转移劳动力期望通过资本积累和职业搜寻实现的职业转换，主要表现为由低阶层职业向高阶层

---

① 　任远. 新型城镇化需回归人的需求和权利的多样性［EB/OL］. 光明网，2015 – 01 – 20.

职业的纵向提升。究其本质，职业向上流动体现的是潜在农村转移劳动力的发展诉求。现实中，在城乡分割体制和农村劳动力个体禀赋的影响下，我国农村劳动力转移到城市后就职层次低，职业向上流动机会有限，上升空间狭窄（李萍，2017）。面临相同的制度约束和阶层地位，农村劳动力在进城之初基本处于次级劳动力市场，但不排除一小部分优秀农村劳动力通过人力资本积累和社会网络扩张，突破次级劳动力市场界限，跨越社会阶层间的藩篱，实现基于职业地位的向上流动（符平、唐有财等，2012）。由此，"去体力化"甚至"去农民工化"成为部分精英农村劳动力的奋斗目标（范建刚、李春玲，2015）。

另一方面，城市融入预期也是影响农村劳动力转移的发展动因。城市融入既是终极目标，也是一个渐进过程。近年来，随着城镇化进程的推进，我国农村劳动力流动的形态逐渐由个体流动向家庭化迁移转变。在农村劳动力家庭化流动趋势逐渐增强的背景下，农村流动劳动力的社会融合问题日益凸显。以新生代农村劳动力为例，由国家统计局数据显示，近一半的新生代农村劳动力有在城市定居的打算，城市融入意愿强烈。落实和解决农村劳动力的城市融入问题，对于深入推进新型城镇化建设具有重要意义。现阶段，我国农村劳动力城市融入依然面临着一些现实障碍。对此，国家相继出台多项政策，逐步破解农村劳动力城市融入的制度障碍，推动农民工基本公共服务全覆盖，推进农村劳动力城市融合。随着城市融入"瓶颈制约"的逐步破解，农村劳动力基本社会权利得到较好地保障和落实，城市发展成果由此惠及广大农村流动劳动力[1]。农村劳动力城市融入的成本有所下降，有利于潜在农村转移劳动力在城市沉淀下来。

4.3 考虑非收入动因的托达罗模型修正
——基于"复杂人"假设

托达罗模型仅从收入动因单一维度解释农村劳动力转移，其基于经济理性的解释框架难以容纳潜在农村转移劳动力的非收入诉求。上述分析可知，当前我国农村劳动力转移不仅取决于收入动因，还体现在职业动因、情感动因、发展动因方面，且非收入动因驱动的农村劳动力转移日趋增多。生产力发展和经济关系的变革促使人的需求和动机不断丰富深化，这一现实情况理应纳入研究视野。对此，托达罗模型却尚未将其考虑在内，这导致其难以回应其他学科的诘问。要解决托达罗模型忽视非经济理性的局限，必须诉诸于其他学科。

本书基于行为科学、管理学及社会学等学科理论，试图将非收入预期因素纳入托达罗模型进行修正，具体如下。

---

[1] 李戈辉，刘向. "农民市民化"路径何在？[N]. 浙江日报，2016－01－10.

4.3.1 "经济人"假设：托达罗模型的人性假设前提

"经济人"是西方经济学对个体行为的最基本假设，是经济学研究的逻辑起点和理论前提。"经济人"的思想内涵源于亚当·斯密提出的"经济人"概念。在《国富论》中，斯密首次表述了"经济人"思想。他认为，人的行为由经济诱因支配，个人在利己主义本性驱使下追求经济利益的最大化。斯密的后继者李嘉图采用抽象的演绎方法阐述其经济理论，涉及人性及人类行为时，仅考虑经济动机（魏文武，2006）。西尼尔将"经济人"列为经济学四大基本命题之首。穆勒在斯密的基础上进一步提炼和发展"经济人"假设的内涵，将"经济人"界定为"会计算、有创造性、追求自身利益最大化的人"（孙守卫、知霖，2003）。"经济人"假设在新古典经济学领域更充实和完善。新古典经济学进一步发展了"经济人"假设，指出经济人不仅追求自身利益，还拥有完全信息，故可实现效用最大化（段雨澜，2008）。此后，新古典综合学派、凯恩斯主义等学派对"经济人"假设也进行了部分修正（孙守卫、知霖，2003）。至此，"经济人"作为经济学理论的核心假设，被基本确定和广泛应用。

基于理性经济人假设，托达罗模型将预期城乡收入差距视为农村劳动力转移决策的根本动因，预期城乡收入差距越大，向城市转移的农村劳动力数量越多。因"经济人"假设主要反映人的经济需求（侯玉莲，2005），故托达罗模型对劳动力转移动因的解释重点聚焦于经济收益方面，回避了非经济因素对劳动力转移决策的影响。事实上，"经济人"只是对个体复杂动机的片面抽象，仅从经济理性①角度解释劳动力转移动因难免有失偏颇。正如阿玛蒂亚·森所言，"对自身利益的追逐只是人类许许多多动机中最为重要的动机，其他的如人性、公正、慈爱和公共精神等品质也相当重要。如果把追求私利以外的动机都排除在外，将无法理解人的理性，理性的人对别人的事情不管不顾是没有道理的"（阿玛蒂亚·森，2000；阮青松，2010）。为此，要修正托达罗模型忽略非收入预期因素影响的缺陷，必须正视迁移者的多元诉求，提出一个更具解释力的人性假设。

现阶段，虽有部分学者意识到托达罗模型遗漏非经济因素的局限并对其进行了补充，但主要是拘囿于托达罗模型框架内的修补，没有根本性的突破。究其根源，在于未突破"经济人"假设的思维定式。伴随社会生产力发展和社会物质基础的充实，人的需求格局发生了变化，逐渐超越物质利益向更丰富的精神需求发展，这一现实情况理当纳入研究视野。突破托达

---

① 正如西蒙所言，经济人固然具有很大的智慧和美学魅力，但同具有血肉之躯的人的真是行为（或可能的行为）看不出有多大关系（参见：[美]西蒙.管理行为[M].北京：北京经济学院出版社，1988：18，20～21，79.）

罗模型的人性假设，既是增强模型解释力的客观需要，也是把握农村劳动力转移行为规律和特征的重要基础。

4.3.2　劳动力转移的非收入预期因素：基于"复杂人"假设

强调心理预期是托达罗模型的重要特征。本书沿袭托达罗模型基于预期视角对农村劳动力转移动因的分析思路，将各非收入动因以预期的形式表现出来。其中，情感动因以情感预期的形式表现，职业动因以职业预期的形式表现，发展动因以发展预期的形式表现。

1. 人性假设的演变：从"经济人"假设到"复杂人"假设

人性是个体行为决策的本质追求。人性决定着人的行为动机，而动机是个体行为的动力源泉（孙绍荣、宗利永等，2007）。作为经济学特别是管理学研究的基础和逻辑前提，人性假设贯穿于经济学特别是管理学的发展历程（刘宇翔，2011）。伴随生产力发展和社会进步，对人性的认识由混沌逐步走向澄明，先后经历了"经济人""社会人""自我实现人""复杂人"等发展和认识阶段（郭咸纲，2003）。

人性假设是合理解释劳动力转移动机的重要前提。由于劳动力转移理论的研究对象为劳动者，故人性假设作为对劳动者内生需求的一种认识，与个体行为动机密切相关。不同人性假设所关注的需求重点不一（见图 4 - 4）。

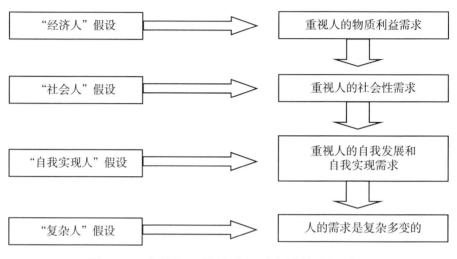

图 4 - 4   人性假设的演进及对人性的认识过程

2. 农村劳动力转移的非收入预期因素分析——基于不同人性假设

（1）情感预期：基于"社会人"假设。

"社会人"（social man）假设源于著名的霍桑实验，由美国著名社会心理学家乔治·梅奥（G. E. Mayo，1933）正式提出。梅奥（G. E. Mayo，1933）通过霍桑实验发现，纯粹追求经济利益最大化的"经济人"假设是不科学的，人们最重视的是和谐的人际关系和社会交往，工作条件、工资报酬等物质利益是相对次要的因素。依托霍桑实验，梅奥在《工业文明的人类问题》一书中阐释了"社会人"的人性观，认为社会性需求的满足往往比经济报酬更能激励人的行为。此后，英国塔维斯托克学院煤矿研究所再度验证了霍桑实验。该机构发现，采用先进的长壁开采技术后，煤矿的生产力水平理应提高，但因破坏了工人间原有的社会组合致使生产力反倒降低，经过重新调整生产组织后生产力才提高。霍桑实验表明，人不是被动、孤立的个体，而是复杂的社会关系的成员，社会心理需要的满足比物质激励更能调动员工的工作积极性（侯玉莲，2005）。"社会人"假设突破了"经济人"利己主义的本性，重点强调人的社会属性，使人的存在更具社会阐释力，是对人性认识的进步。

"社会人"假设反映了人的情感需求及交往动机。将"社会人"假设延展到劳动力转移理论，其意义变得更为宽泛。在复杂的社会环境中，经济主体不仅置身于工作环境中，还受制于家庭关系、人际关系等环境关系。引入"社会人"假设，有利于揭示情感预期因素对农村劳动力转移决策的影响。

（2）职业预期和发展预期：基于"自我实现人"假设。

除社会性需求外，人还有希望充分运用自己能力、发挥自我潜力的欲望。基于马斯洛的需求层次理论、阿吉里斯的"不成熟—成熟"理论及麦格雷戈的"Y"理论等的综合阐述，"自我实现人"假设正式提出（陈忠林，1999）。根据马斯洛的需求层次理论，人的需求是多维且逐级向上的，其中，最高层次的需要是自我实现。所谓"自我实现"，就是充分挖掘自身潜能并运用自己的能力向更高目标奋进，最终完成自我发展和自

我实现，获得最大满足。具有强烈自我实现需要的人，就是
"自我实现人"。20 世纪 50 年代末，阿吉里斯（Chris Argyris，
1957）在其《个性与组织：互相协调的几个问题》一文中提出
"不成熟—成熟"理论。该理论认为，一个健康的人不可避免
地要经历从不成熟到成熟的过程，成熟是一个自我发展的过程，
成熟程度愈高，人发挥的作用愈充分。在阿吉里斯看来，人的
成熟过程便是自我实现的过程。当然，受制于周围环境和管理
制度，仅有少数人能实现完全的成熟。结合马斯洛和阿吉里斯
的观点，麦格雷戈（Douglas M. McGregor，1957）在其提出的 Y
理论中进一步概括了"自我实现人"的特征。麦格雷戈指出，
人的本性是勤奋的，在适当的激励下能够自我激发而富有创造
力，并能自我领导和自我控制，全力实现组织目标。"自我实
现人"比"社会人"更加关注人的作用，是对人性认识的纵深
推进。

"自我实现人"假设反映了人的自我实现需求。将"自我
实现人"假设延展到劳动力转移理论，有利于基于自我实现诉
求揭示职业预期和发展预期因素对农村劳动力转移决策的影响。

3. 非收入预期的汇总与融合：基于"复杂人"假设

20 世纪 60 年代末 70 年代初，美国心理学家沙因（Edgar
H. Schein）提出的一种综合折中的人性假定——"复杂人"
（complex man）。研究发现，现实中的人既不是纯粹的"自我实

现人"，也非单纯的"经济人"和"社会人"。"经济人""社会人"及"自我实现人"的人性假定虽各具合理性，但都不能说明人性的全部，亦不普遍适用于所有人。因为人性是复杂的，人的需求和动机会随人的发展阶段和生活环境的改变而变化，不仅因人而异，还会因时、因地、因情景等因素的变化而异，各种动机和需求错综交织、相互作用，形成复杂的动机模式、价值观和目标。为此，单独强调某一刻板的人性假设，容易导致以点代面或以偏概全，不利于反映经济主体的本质属性（段雨澜，2008）。基于这样的现实基础，"复杂人"假设应运而生。较之于其他人性假设，"复杂人"假设对人性的多样性、层次性及复杂性的认识更为透彻，更贴近人性的本质（李强，2002）。这一假设吸收了各种人性假设理论的长处，实际上是对"经济人""社会人"及"自我实现人"三种人性假设的融合和汇总。"复杂人"假设拓宽了个体行为动机的研究视野，为深入理解劳动力转移动因提供了一个全新而现实的分析视角。

基于不同维度对人性本质的理解，形成了不同的人性假设，由此导致对个体经济行为动机的不同解释。显然，经济人假设仅是其中的一个抽象角度，该假设强调的人的自利和理性难以合理解释个体经济行为（段雨澜，2008）。从个体需求的层次方面来看（见图4-5），"经济人"假设仅能解释个体行为的初级动机，"社会人"假设和"自我实现人"假设则可解释个体行为的中、高级动机，"复杂人"假设是各人性假设的综合，涵盖个体需求的各个层级。为此，基于"复杂人"假设解释个体行为动机，有利于挖掘经济个体的多元诉求。

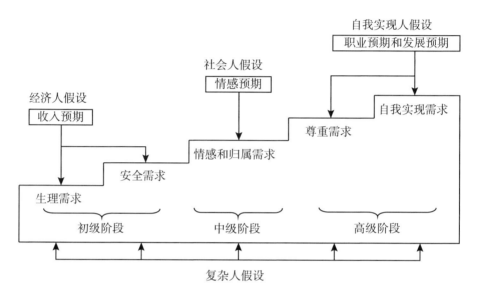

图 4-5　基于不同人性假设的劳动力转移动因结构分层

4.3.3　考虑非收入预期因素的托达罗模型修正

托达罗初始模型中，农村劳动力是否迁移取决于对预期城乡收入差距的估计。潜在迁移者在城市现代部门找到工作前的 n 期净收益贴现值为：

$$V(0) = \int_{t=0}^{n} \left[p(t) Y_u(t) - Y_r(t) \right] e^{-rt} dt - C(0)$$

$$M = f\left[V(0) \right] f' > 0 \qquad (4-10)$$

其中，V(0) 代表迁移者在期初做出迁移决策所获得的净收益，$Y_u(t)$、$Y_r(t)$ 表示迁移者第 t 期在城市和农村就业所得的工资收入，p(t) 为第 t 期时农村劳动力在城市找到工作的概率，r 为贴现率，C(0) 为迁移者在期初的迁移成本。$f' > 0$ 表示劳动力迁移是预期城乡收入差距的增函数。若 V(0)≥0，迁移者的净收益为正，农村劳动力选择迁移到城市，且 V(0) 越大，迁移到城市的农村劳动力越多；反之，V(0) < 0 时，迁移者的净收益为负，农村劳动力会留在农村或选择返乡。

需要说明的是，托达罗模型考察的是农村劳动力在某一连续时期范围内的迁移决策，但实际中对农村劳动力个体进行长期连续的跟踪调查非常困难，通常只能通过微观调研获取某一期的截面数据。借鉴陈会广、刘忠原（2013）的研究思路，本书仅考虑劳动力转移当期的决策（即 t = 0）。如此，式（4 - 10）可简化为：

$$V = (pY_u - Y_r) - C \qquad (4-11)$$

根据"复杂人"假设，农村劳动力不仅是追求经济收益最大化的经济人，同时是理性的社会人和自我实现人，其利益诉求丰富多样。农村劳动力的迁移决策须兼顾收入预期和非收入预期。由此，得到农村劳动力转移概率的表达式：

$$P = g(V, NE) g' > 0 \qquad (4-12)$$

式（4 - 12）中，P 为农村劳动力转移的概率，V 为预期的城乡收入差距，NE 为非收入预期因素。$g' > 0$ 说明农村劳动力转移概率是预期城乡收入差距和非收入预期因素的增函数，即：城乡预期收入差距越大，农村劳动力向城市迁移的意愿越强烈；农村劳动力对各非收入预期因素的期望程度越强，其向城市迁移的概率也越大。NE 代表的是一组非收入预期因素向量，其构成包括情感预期、职业预期及发展预期。

基于"复杂人"假设，农村劳动力城乡转移决策模型既包括托达罗模型内含的预期城乡收入差距，也包含非收入预期因素。并假设，劳动力可在城乡间自由流动，不受阻碍。

联立式（4-11）和式（4-12），得到修正后的托达罗模型：

$$\begin{cases} V = (pY_u - Y_r) - C \\ P = g(V, \ NE) \end{cases} \qquad (4-13)$$

4.4 研究假设

4.4.1 收入预期

本书选取收入预期为解释变量。追求个人利益最大化是理性经济人的基本动机。基于"经济人"假设，托达罗模型将劳动力转移视为一种理性经济行为，将农村劳动力转移归因于预期城乡收入差距。预期城乡收入差距越大，流向城市的劳动力规模越大。这一解释对于理解发展中国家的劳动力转移现象具有重要意义。

就我国现实情况而言，由于农业收入长期在低水平徘徊，城乡收入差距在短期内难以根本改善（朱农，2002）。近年来，虽然城乡收入差距有所缩小，但仍维持在高位。城乡收入差距产生的动力势能，促使理性化的农村劳动力义无反顾地向城市转移（朱剑峰、郇红艳，2014）。预期城乡收入差距的产生，与我国显著的城乡实际收入差距的现实密不可分。预期城乡收入差距对劳动力城乡转移的积极作用已被我国劳动力转移实践所证实（范晓非、王千等，2013；郭震，2014）。依据托达罗模型的基本原理，本书选用"城乡预期收入差距"变量代表收入预期。并在此假设：

H1：收入预期是农村劳动力转移的重要动因。并且，城乡预期收入差距越大，农村劳动力向城市转移的意愿越强。

4.4.2 情感预期

本书选取情感预期为解释变量。由前述的"社会人"假设可知，人不仅追求个体利益最大化，还追求社会心理需求的满足。基于马斯洛在其需求层次理论可知，人除了生理需求和安全需求，还有爱和归属的需求。考虑到个体行为的情感动机，应将情感动因纳入农村劳动力转移决策体系，形成农村劳动力转移的情感预期。

当前，鲜有学者从"社会人"假设的视角分析农村劳动力的情感动因，但已有少数学者关注到农村转移劳动力的情感需求。例如，文军（2001）基于社会学视角，认为伴随现代社会农民理性选择多样性的增加，农民外出动因逐步突破生存理性，向经济理性和社会理性跃迁；康文杰（2005）指出，推动农村劳动力转移可持续发展须构建一个全新的制度框架，在此框架内劳动力既是一种生产要素，也是追求物质利益的自然人，同时更是随社会发展不断变化的社会人；钟水映、李魁（2007）按照需求层次理论，认为农村劳动力有精神需求，渴望社会交际、尊重和自我实现；熊易寒（2012）基于上海市的微观调查数据发现，新生代农民工已不再局限于"经济人"角色，其务工动机正转向情感交流、社会交往、发展机遇等非经济因素；蔡玉萍、罗鸣（2015）认为，除经济收入、政治考虑和结构性因素外，情感满足也是促使劳动力流动的一个重要因素。

通过梳理文献发现，虽有学者注意到潜在农村转移劳动力的情感诉求，但未对农村劳动力的情感诉求进行测度。已有研究成果为本书的分析提供了有益的思路。本书认为可从三个方面衡量潜在农村转移劳动力的情感预期。一是婚恋情感，正如前文所述，受人口性别比例失衡、农村青年劳动力大量流失及择偶梯度效应等因素影响，农村青年婚配压力日趋增大，其中尤以男性最为突出。婚姻匹配失衡导致农村男性青年择偶成本和经济负担不断上升（栗志强，2011）。为突破婚恋困境，农村青年更倾向于通过向城市迁移的方式扩大农村通婚圈（王磊，2013），以此转移婚姻匹配的矛盾。以婚配诉求驱动的劳动力转移渐成趋势（陆淑珍，2010）。二是子女教育情感。受城乡、区域分割制度的约束，城乡教育资源分配不均衡，严重影响着教育公平的实现。近年来，随着社会经济的发展和新型城镇化建设的推进，农村居民对子女教育的价值认知度和期望认知度不断提升，希望子女享受均等教育机会和优质教育资源。基于子女教育公平的诉求，他们往往更倾向于通过外出务工积累物质资本和社会资本。三是社会交往情感。积极的社会交往有利于迅速适应社会环境、深化社会资本。通过广泛交友，农村迁移者既可排解"情感孤独"、获得情感支持，又利于深化社会网络、积累社会资本。社会交际对农村劳动力转移的影响也应纳入劳动力转移决策体系。借鉴已有成果，并结合本书的研究目的，本书提出"择偶意愿（婚恋情感）""子女教育意愿（亲子情感）"及"交际意愿（交际情感）"三个变量衡量情感预期。并在此假设：

H2：情感预期是农村劳动力转移的重要动因。并且，择偶意愿越强烈，农村劳动力向城市转移的意愿越强烈；子女教育意愿越强烈，农村劳动力向城市转移的意愿越强烈；社会交际意愿越强烈，农村劳动力向城市转移的意愿越强烈。

4.4.3 职业预期

本书选取职业预期为解释变量。根据"自我实现人"假设，人会充分发挥自身潜能，力求向更高目标奋进。由于职业状况与个人经济地位和社会地位密切相关，理应将职业动因纳入农村劳动力转移决策体系，形成潜在农村转移劳动力的职业预期。

当前，职业需求对农村劳动力转移的影响受到学术界的广泛关注。学者们基于不同的研究主题、研究对象和研究目的，对农村劳动力的职业预期进行了诸多探讨。例如，张智勇（2005）、符平等（2012）、许传新（2010）等认为，受人力资本、社会资本、城市失业及非市民身份等因素影响，农村转移劳动力的职业选择大多是水平流动；由于农村劳动力的内部结构分化①，朱明芬（2007）认为农村劳动力的职业转移不仅体现为由农业向非农业转移，还体现为非农职业中的行业转移、工种转移等；曾福生、周化明（2013）认为，为脱离农村生活、摆脱农民身份及更好地在城市发展，农民工的职业发展期望较为强烈；程名望、史清华等（2013）分析指出，学技术或增加才干的期望是部分农村劳动力进城务工的重要动机；由于技能对农村劳动力转移的短期影响较大（陈永正、陈家泽，

---

① 傅雷. 调查：农民身份和职业分化为不下七种 ［N］. 北京日报，2014 – 04 – 23.

2007)，城镇就业技能指数高的农村劳动力越倾向于向城市转移就业（樊明，2012）；白南生、李靖（2008）指出，尽管存在制度阻碍，近年来我国农村劳动力流动轨迹逐渐由"半城市化"向"迁徙式"转变，稳定预期增强；李晓梅、王姗等（2016）指出，农村劳动力在城镇稳定就业是推进以人为本的新型城镇化的重要任务。

结合已有研究成果，本书认为非农职业选择—技能获取—稳定就业是一个连续的认知过程。借鉴朱明芬（2007）、程名望等（2013）及李晓梅等（2016）对劳动力转移职业预期的分析思路，本书基于"职业多样选择意愿""技能获取意愿"和"稳定就业意愿"三个维度衡量农村劳动力转移的职业预期。并在此假设：

H3：职业预期是农村劳动力转移的重要动因。并且，农村劳动力的职业多样选择意愿越强，其向城市转移的意愿越强烈；农村劳动力的技能获取意愿越强，其向城市转移的意愿越强烈；农村劳动力的稳定就业意愿越强，其向城市转移的意愿越强烈。

4.4.4　发展预期

本书选取发展预期为解释变量。马斯洛在其需求层次理论中指出，除少数的病态人之外，社会上所有的人都有尊重及自我实现的需要。由"自我实现人"假设可知，个体行为最高层次的需求是获得社会尊重、提升社会地位及实现个人理想。考虑到个体行为的发展动机，应将发展动因纳入农村劳动力转移决策体系，形成农村劳动力转移的发展预期。

当前，从"自我实现人"假设视角探讨劳动力转移动因的文献尚不多见，但已有部分学者将自我实现的发展诉求纳入农村劳动力转移决策的影响体系。例如，韩长赋（2006）基于对中国农民工群体发展趋势的系统分析指出，随着经济发展和制度变迁，农业转移劳动力在物质需求满足后将会追求高层次的、自我实现的需求；梁雄军、刘平青等（2009）利用微观数据对农村劳动力二次流动模型进行验证发现，自我发展因素是在外务工者跨地区流动决策的主要影响因素之一；陈昭玖、艾勇波等（2011）基于新生代农民工就业情况进行实证分析，发现新生代农民工外出就业的主要动机是寻求自我价值实现和自我发展，目的是提升个人素质和社会地位，实现向上流动的理想；符平、唐有财等（2012）分析指出，少数优秀农民工可通过职业的向上流动提升自身经济社会地位；庄晋财（2011）研究认为，传统的城乡转移模型难以满足农民工转移就业需求，而通过自主创业可使农民工转移就业内生化；石智雷（2013）在分析迁移劳动力城市融入影响因素时指出，农村劳动力进城就业不仅仅是为了追求收入预期、改善生活，还强烈渴望融入城市社会，被城市社会所接纳。

已有研究成果为本书的分析提供了有益的思路。梳理既有研究成果发现，虽有学者注意到潜在农村转移劳动力的发展诉求，但基本缺乏有效测度。作为影响转移决策的重要社会心理变量，发展预期包含众多维度，涉及范围非常广泛。考虑到潜在农村转移劳动力利益诉求的紧迫性和重要性，本书认为可从三个方面测度潜在农村转移劳动力的发展预期。一是职业晋升。提升职业发展空间、实现职业向上流动是潜在农村转移劳动力谋求城市发展的关键需求，更是提升自身社会地位和经济地位的重要途径。近年来，受择业观念影响，潜在农村转移劳动力从事职业"去体力化"趋势明显，特别对新生代农村劳动力而言，他们不愿靠体力维生，而是希望通过人力资本积累增强就业竞争力，实现职业晋升，向声望更高的职业方向发展。职业晋升诉求成为影响农村劳动力进城意愿的内生动力。二是未来创业。在经济新常态的现实背景下，农村劳动力面临着结构性失业风险增大、就业环境脆弱、收入增长放缓等严峻形势。部分农村劳动力不再满足于单纯务工，而是希望在外出务工期间积累行业经验和专业知识、获取创业理念及熟悉市场规律，为未来创业做准备。与择业相比，创业是潜在农村转移劳动力实现发展转型的重要途径。三是城市融入。城市融合对于潜在农村转移劳动力城市适应具有积极意义，更高层次的城市适应是融入城市（朱力，2002）。尤其是青年农村劳动力，由于其心态和文化习俗更接近市民，且对现代城市文明和城市生活高度认同，故其城市融入意愿较为迫切和强烈（刘传江、程建林，2008；王培安，

2013）。借鉴已有成果，并结合本书的研究目的，本书提出"职业晋升意愿""未来创业意愿"和"城市融入意愿"三个变量衡量潜在农村转移劳动力的发展预期。并在此假设：

H4：发展预期是农村劳动力转移的重要动因。并且，职业晋升意愿越强烈，农村劳动力向城市转移的意愿越强烈；未来创业意愿越强烈，农村劳动力向城市转移的意愿越强烈；城市融入意愿越强烈，农村劳动力向城市转移的意愿越强烈。

4.5　本章小结

本章的主要任务是基于非收入预期因素对托达罗模型进行理论修正。首先，详细阐述了托达罗模型的初始分析框架，包括模型提出的理论背景、模型内涵及模型政策含义，并探讨了托达罗模型在中国的适用性。其次，结合我国农村劳动力转移的现实背景，分析现阶段我国农村劳动力转移的各动因，其中不仅有收入动因，还涉及职业动因、情感动因和发展动因。再次，基于"复杂人"的人性假设将影响农村劳动力转移的非收入预期因素引入托达罗模型进行修正，以期构建一个贴近我国现实的劳动力转移理论。最后，提出有待检验的理论假说。

本章和第5章是本书的核心章节。从内容布局来看，本章是对托达罗模型进行理论修正，而第5章是对修正模型的微观验证。

第 **5** 章

农村劳动力转移动因的微观验证

——基于修正的托达罗模型

本章在托达罗模型理论修正的基础上，采用微观调查数据，主要从收入预期和非收入预期两个维度对农村劳动力转移决策的影响动因进行定量分析，以此验证修正模型的适用性。此外，为进一步探讨核心因素的影响程度，对相关变量进行了权重测度及排序。在结构安排上，本章的主要内容大致包括四个部分：第一部分是数据说明与特征分析；第二部分是变量设定与研究方法选择；第三部分是计量模型的估计结构与讨论；第四部分是对核心变量赋权并排序。

5.1 数据说明与分析

5.1.1 数据来源

本书基于心里预期角度分析农村劳动力转移动因。因心里预期变量主观性特征较强，无法从统计年鉴、全国农村固定观察点等公开数据库提取相符数据。为实现本书的研究目的，首先设计相关问卷，其次选取有代表性的地区进行问卷调查，由此形成本书研究所需数据。

样本数据来自 2015～2016 年对四川省、重庆市和贵州省三地所作的农村劳动力转移情况调查。调查区域选取西南地区的四川省、重庆市和贵州省，主要是因为这三个省市均属传统的劳务输出地。本次调查采用结构化问卷，问卷内容主要涵盖四个部分：（1）转移意愿，即希望留在城市还是返回农村；（2）个体特征，如性别、年龄、婚姻状况、文化程度、职业状况等；（3）收入预期，即预期城乡收入差距；（4）非收入预期，包括情感预期、职业预期及发展预期。问卷发放采用分层随机抽样法[①]，根据经济发展水平在每个省（市）随机选取 3～5 个地级

---

① 为保障调查质量，实地调查主要是借助于导师、同学、朋友、家人等的关系网络，在此表示感谢。

市（或区），在每个地级市（或区）随机抽取 3~5 家企业，然后在每家企业随机选取 50~80 名农村户籍务工人员进行调查。在行业分布选择方面，主要选取制造业、建筑业、批发零售业等劳动密集型行业。为确保问卷调查质量，预先在成都富士康公司随机选取了 100 个典型农民工进行预调查，根据试测反馈结果及调查中遇到的实际问题，对试测问卷进行小范围调整，最终形成正式问卷。为保证回收数量，额外多发放 300 份问卷。本次调查共发放问卷 3300 份，收回问卷 2892 份，剔除缺失值样本和无效问卷后，共获得有效问卷 2730 份，问卷有效率为 82.7%。在全部有效问卷中，四川省[①]有效问卷量为 1052 份，占有效样本总体的 38.53%；重庆市[②]有效问卷量为 986 份，占 36.12%；贵州省[③]有效问卷量为 692 份，占 25.35%。

需要说明的是，本次调查选取的是已经在外务工的农村劳动力，主要原因是在目前的农村地区，除新形成的农村劳动力（如毕业生）外，可供转移的农村劳动力数量非常少，样本收集困难，故而在调查时未包含农村地区未转移农村劳动力的样本。因精力和经费有限，难以面面俱到。

[①]　四川地区的调查主要在成都市、邛崃市、郫都区、达州市、雅安市、甘孜州等地进行。

[②]　重庆地区的调查主要选在渝北区、沙坪坝区、江北区、北碚区、巴南区、大渡口区进行。

[③]　贵州地区的调查主要选在贵阳市、六盘水市、铜仁进行。

5.1.2　样本特征

从样本总体来看，剔除 113 个异常值，对转移意愿做出明确回答的有效样本为 2617 个。其中，"愿意"向城市转移的农村劳动力为 1511 个，占样本总量的 57.74%，"不愿意"向城市转移的农村劳动力为 1106 个，占样本总量的 42.26%。

性别方面，受访者以男性居多，占样本总体的 61.1%，女性劳动力占比不足 40%，男女性别比例为 3∶2，这可能与受访者的行业分布和职业状况有关。进一步地，依据迁移意愿将样本总体区分为迁移组（愿意向城市迁移）和非迁移组（不愿意向城市迁移）两部分。结果显示，迁移组中的男性劳动力占61.75%，女性占 38.25%；非迁移组中，男性劳动力和女性劳动力占比分别为 60.13% 和 39.87%。与非迁移组相比，迁移组中的男性农村劳动力占比略大，是女性劳动力比重的 1.6 倍。

年龄方面，样本总体大致呈正态分布趋势（见图 5-1），均值为 36.96 岁。依据转移意愿来看（见表 5-1），迁移组劳动力的年龄均值为 35.12 岁，年龄分布主要集中于 18~25 岁、25~35 岁及 35~45 岁三个年龄段，45 岁以下的农村劳动力占总体的 84.45%。相比之下，非迁移组劳动力的年龄均值则明显高于迁移组，年龄分布主要集中于 25~35 岁、35~45 岁、45 岁以上三个年龄段，其中，35 岁以上的农村劳动力占比达 68.26%。

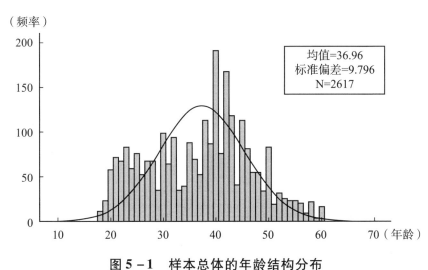

图 5-1 样本总体的年龄结构分布

表 5-1 农村劳动力样本年龄结构分布情况 单位：人

组别	年龄分布				
	均值	18~25 岁	25~35 岁	35~45 岁	45 岁以上
全部样本	36.96	449	640	1028	500
其中：迁移组	35.12	372	366	538	235
非迁移组	39.47	77	274	490	265

婚姻状况方面，已婚者占多数。在样本总体中，已婚的农村劳动力占比近70%，未婚劳动力占比不足30%。分转移意愿来看，非迁移组中未婚者占22.06%，已婚者则占77.94%，说明非迁移组基本是一个已婚群体，这可能与该组农村劳动力的

年龄相对较大有关；在迁移组中，已婚者占比为超六成，未婚农村劳动力占比不足四成，未婚劳动力比例较迁移组稍低。

　　文化程度方面，基本呈正态分布态势。总体来看（见表5-2），被调查农村劳动力的文化程度普遍不高，主要集中于小学至高中（含中专），未读过书的和大专及以上文化程度的劳动力占少数。分转移意愿来看，非迁移组中小学和初中文化程度的劳动力比例高于迁移组，但高中（含中专）和大专及以上文化程度的劳动力比例则低于迁移组，未读过书的劳动力比例两组差别不大。因此，迁移组劳动力的文化程度相对更高，特别是大专及以上文化程度的劳动力比例明显高于样本总体及非迁移组。

表5-2　　　　农村劳动力样本书化程度结构分布情况　　　单位：%

组别	文化结构分布				
	未读过书	小学	初中	高中（含中专）	大专及以上
全部样本	4.4	20.3	40.5	28.0	6.8
其中：迁移组	4.5	16.9	39.8	31.3	7.4
非迁移组	4.2	25.0	41.3	23.5	6.0

　　行业分布方面，大多集中于制造业、建筑业及餐饮住宿业等劳动密集型行业（见图5-2）。从样本总体来看，除了其他行业外，农村劳动力从事行业最集中的依次是制造业、建筑业、餐饮住宿业、社会服务业及批发零售业，其中，在第二产业就

业的农村劳动力占 54.5%，在第三产业就业的农村劳动力占
45.5%。分转移意愿来看（见图 5 - 3），迁移组和非迁移组的
行业分布情况基本相同，其中，迁移组中在第二产业就业的农
村劳动力比重略高于非迁移组，而在第三产业就业的农村劳动
力较非迁移组略低。

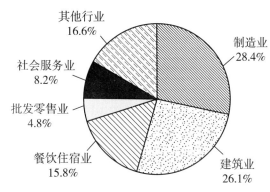

图 5 - 2　样本总体的行业分布

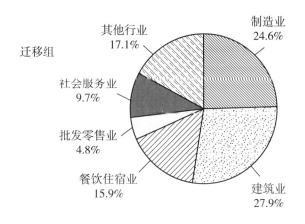

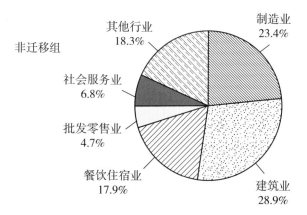

图 5 - 3   迁移组和非迁移组样本的行业分布情况

5.2   变量设定与研究方法

5.2.1   变量设定

因本书研究的是农村劳动力转移的影响动因，故将农村劳动力转移意愿设置为因变量。依据托达罗模型，当 V > 0 时，农村劳动力愿意向城市转移；而当 V ≤ 0 时，农村劳动力不愿意向城市转移。对于农村劳动力转移意愿的衡量直接来自问卷中的问题"您未来愿意留在城市还是返回农村?"。根据问题的答案选项，选择"留在城市"的视为"愿意"向城市转移，而选择"返回农村"的则视为"不愿意"向城市转移。

自变量包括个体特征因素、收入预期因素及非收入预期因素。参照既有的农村劳动力转移研究成果，为增加模型与现实的契合度，本书在统筹考虑收入预期因素和非收入预期因素影响的同时，将性别、年龄、文化程度等个体特征变量也作为可能影响农村劳动力转移决策的可能因素，纳入回归模型。其中，非收入预期因素是本书研究的重点，包括情感预期因素、职业预期因素和发展预期因素三类变量。具体的变量设置及预测方向如表5-3所示。

表5-3   变量设置与说明

变量类型	变量名称	变量定义	最小值	最大值	假设方向
个体特征	性别	男=1，女=2	1	2	+/-
	年龄	周岁年龄（单位：岁）	18	60	+
	婚姻状况	未婚=1，已婚=2	1	2	+/-
	文化程度	未读过书=1，小学=2，初中=3，高中（含中专）=4，大专及以上=5	1	5	+
收入预期	城乡预期收入差距	对外出务工和在家务农之间收入差距的估计：一到两万=1，两到三万=2，三到四万=3，四到五万=4，五万以上=5	1	5	+
情感预期	择偶意愿	非常愿意-1，比较愿意=2，一般=3，不太愿意=4，很不意愿=5	1	5	+
	子女教育意愿	非常愿意=1，比较愿意=2，一般=3，不太愿意=4，很不意愿=5	1	5	+

变量类型	变量名称	变量定义	最小值	最大值	假设方向
情感预期	交际意愿	非常愿意=1，比较愿意=2，一般=3，不太愿意=4，很不意愿=5	1	5	+
职业预期	职业多样选择意愿	非常愿意=1，比较愿意=2，一般=3，不太愿意=4，很不意愿=5	1	5	+
	职业稳定意愿	非常愿意=1，比较愿意=2，一般=3，不太愿意=4，很不意愿=5	1	5	+
	技能获取意愿	非常愿意=1，比较愿意=2，一般=3，不太愿意=4，很不意愿=5	1	5	+
发展预期	职业晋升意愿	非常愿意=1，比较愿意=2，一般=3，不太愿意=4，很不意愿=5	1	5	+
	未来创业意愿	非常愿意=1，比较愿意=2，一般=3，不太愿意=4，很不意愿=5	1	5	+
	城市融入意愿	非常愿意=1，比较愿意=2，一般=3，不太愿意=4，很不意愿=5	1	5	+

5.2.2 研究方法

农村劳动力转移与否是一个典型的二向性问题，根据转移意愿可明显地划分为"愿意"与"不愿意"，可分别赋值"1"

和 "0"。由此，考虑采用概率型非线性回归模型，选取经典的二元 Logistic 回归模型作为分析工具。此模型函数为逻辑概率分布函数，具体公式如下：

$$P_i = F(y_i) = \frac{e^{y_i}}{1 + e^{y_i}} = \frac{1}{1 + e^{-y_i}} \qquad (5-1)$$

式（5-1）中，e 表示自然对数的底。根据式（5-1），整理得到：

$$\ln\left(\frac{P_i}{1 - P_i}\right) = \alpha + \sum_{i=1}^{n} \beta_1 x_i + \varepsilon \qquad (5-2)$$

式（5-2）中，P_i 为农村劳动力转移的概率，β_i 为待估系数，x_i 表示影响农村劳动力转移意愿的各自变量，包括个体特征变量、收入预期变量、和非收入预期变量，ε 为随机误差项。

5.3 计量结果与分析

在计量分析部分，本书主要从三个方面展开。

5.3.1 基于整体变量的农村劳动力转移影响分析

本书在兼顾收入预期因素的同时，重点探讨非收入预期因素对农村劳动力转移决策的影响。在回归之前，首先对模型可能存在的多重共线性问题进行检验。结果显示，各变量之间不存在严重的多重共线性问题。利用 SPSS17.0 软件进行二元 Logistic 回归分析，所得估计结果如表 5 - 4 所示。

表 5 - 4　　　农村劳动力城乡转移的二元 Logistic 模型估计结果

变量类型	变量	系数 β	标准误差	Wald 统计量	显著性水平	Exp（β）
个人特征	性别	0.115	0.088	1.713	0.191	1.122
	年龄	0.208	0.035	35.753	0	1.231
	年龄的平方	- 0.002	0	23.085	0	0.998
	婚姻状况	0.282	0.107	6.935	0.008	1.326
	文化程度	- 0.100	0.048	4.389	0.036	0.905
收入预期	预期城乡收入差距	0.302	0.045	45.214	0	1.352
非收入预期	择偶意愿	0.119	0.047	6.493	0.011	1.126
	子女教育意愿	0.222	0.041	29.133	0	1.249
	交际意愿	0.015	0.028	0.294	0.588	1.015
	技能获取意愿	0.097	0.045	4.667	0.031	1.102
	职业多样选择意愿	0.112	0.048	5.551	0.018	1.119
	职业稳定意愿	0.046	0.127	0.134	0.715	1.048
	职业晋升意愿	0.150	0.054	7.596	0.006	1.162
	未来创业意愿	- 0.035	0.121	0.083	0.774	0.966
	城市融入意愿	0.161	0.050	10.530	0.001	1.174
常数项		- 8.096	0.712	129.128	0	0
样本个数				2617		
对数似然函数值（ - 2log likelihood）				3175.247		
伪判决系数				0.138		

注：变量的参考项设置为最后一个。

1. 个体特征的影响

就个体特征看，年龄变量、婚姻状况变量和文化程度变量对农村劳动力转移意愿有显著影响。年龄变量的系数虽显著为正，但其平方项显著为负，说明年龄对农村劳动力转移决策的影响存在生命周期效应，即超过一定年龄后对迁移的影响会发生变化。与已婚者相比，未婚农村劳动力向城市转移的意愿更强。文化程度方面，文化程度越低的农村劳动力越倾向于向城市转移。性别变量对农村劳动力转移的影响不显著，说明农村劳动力是否向城市转移不受性别影响。

2. 收入预期的影响

预期城乡收入差距是农村劳动力转移的重要影响因素。估计结果显示，预期城乡收入差距变量通过了1%水平的显著性检验且系数为正，表明在其他条件不变的情况下，预期城乡收入差距越大，农村劳动力向城市转移的意愿越强，符合本书假设。这说明，收入因素是吸引农村劳动力转移的重要原因。这一结果与托达罗模型吻合，也契合我国的劳动力转移现实，已被国内许多学者所证实（蔡昉、都阳，2002；朱农，2002；范晓非、王千等，2013；郭震，2014）。基于收入预期视角，托达罗模型对我国农村劳动力转移现象具有解释力。

3. 非收入预期的影响

（1）情感预期对农村劳动力转移意愿有重要影响。首先，择偶意愿变量和子女教育意愿变量分别通过了 5% 水平和 1% 水平的显著性检验且系数为正，表明在其他条件不变的情况下，择偶意愿和子女教育意愿越强烈，农村劳动力向城市转移的意愿越强，与本书预期方向一致。究其原因，可能与样本所处的年龄段有关。由样本特征分析可知，农村劳动力的平均年龄为 36.96，正处于择偶、婚恋、子女教育的重要时期，故其婚恋诉求和子女教育诉求较为迫切，渴望通过进城务工突破婚恋困境、改善子女教育境况。其次，交际意愿变量对劳动力转移意愿的影响不显著，与预期方向相悖。可能的原因是：一方面，从交往特征来看，农村劳动力的社会交往主要以地缘交往、血缘交往、亲缘交往为主，社会交往范围相对封闭、狭窄，主动拓展交际范围的意愿不强，故而对留城决策的影响较弱；另一方面，从外部环境来看，城市人际关系淡漠，亦工亦农的身份使农村劳动力常常处于一种城市局外人的尴尬处境，遭到城市居民的漠视、排斥及歧视，由此在某种程度上导致其社会交际呈"自愿性隔离"态势，不利于城市社会网络的建立和扩张。

（2）职业预期对农村劳动力转移意愿有重要影响。首先，技能获取意愿变量通过了 5% 水平的显著性检验且系数为正，说明在其他条件不变的情况下，农村劳动力的技能获取意愿越强烈，就越倾向于向城市转移，与预期方向一致。一种可能的解释是，非农技能的获取有利于提升农村劳动力的人力资本水平，是扩大和稳定就业、增加务工收入的重要途径。特别在当前的经济新常态背景下，农村劳动力面临着结构性失业风险增大、就业环境脆弱、收入增长放缓等严峻形势，提升职业技能是适应新常态、实现稳定就业的当务之急①，渴望获取职业技能的农村劳动力进行转移的动力显然更足。其次，职业多样选择意愿变量通过了5%水平的显著性检验且系数为正，说明在其他条件不变的情况下，职业多样选择意愿越强烈，农村劳动力越倾向于向城市转移，与预期方向一致。对此，可能有两方面原因：其一，从产业分布的区位情况来看，农业生产在农村进行，处于区位劣势，而工业生产则集中分布于城市（刘美平，2007），处于区位优势，在我国城乡二元结构的现实背景下，城市区位优势吸引着大量农村劳动力转移就业，而城市集聚的诸多产业类型为农村劳动力就业多元化提供了较多选择空间；其二，从农村劳动力的择业观来看，调查样本以青壮年为主，绝大多数具有初中以上文化程度，这一群体的择业观正逐步由"生存型"向"发展型"转变，就业选择去体力化、多元化趋势明显，他们渴望通过职业转换从事一份轻松、体面且能发挥自己潜能的工作，进而实现职业向上流动。最后，职业稳定意

---

① 于文静、王茜. 人社部副部长杨志明：农民工适应新常态迫切需要技能培训［EB/OL］. 人民网，2015－03－04.

愿对农村劳动力转移决策的影响不显著，这一结果出乎预期。对此，可能的解释是，受劳动合同短期化、劳动权益保障缺失、户籍歧视及个人禀赋较差等影响，农村劳动力在城市就业市场通常处于劣势地位，就业质量普遍不高，为寻求更好的职业发展，职业流动频繁，故而其稳定就业的预期不强，削弱了对农村劳动力转移决策的影响。

（3）发展预期对农村劳动力转移意愿有重要影响。首先，职业晋升意愿变量通过了 1% 水平的显著性检验且系数为正，表明在其他条件不变的情况下，职业晋升意愿越强烈，农村劳动力向城市转移的意愿也越强，与预期方向一致。职业状况与个人经济地位和社会地位密切相关，其中，职业晋升预期代表农村劳动力对未来的职业规划。现阶段，我国劳动力市场处于剧烈的重组、整合和发展过程中，劳动力市场的激烈竞争、政策制定者远离普通劳动者及工会维权作用较弱等因素共同导致部分劳动力在就业市场处于弱势地位（陆铭，2005），农村转移劳动力显然包括在内。在就业市场"用工荒"与"就业难"并存的现实背景下，对职业发展进行统筹规划是实现职业匹配、就业稳定及职业向上流动的重要路径。为此，农村劳动力的职业晋升预期越强烈，说明其职业规划相对比较清晰，而良好的职业发展前景有利于增强农村劳动力的择业信心，进而对转移意愿产生积极影响。其次，城市融入意愿变量均通过了 1% 水平的显著性检验且系数为正，表明在其他条件不变的情况下，城市融入意愿越强烈，农村劳动力向城市转移的意愿越强烈，与预期方向一致。可能的原因是，融入城市的意愿越强，农村劳动力在城市真正沉淀下来的可能性越大，故其向城市转移的动力越强。最后，未来创业意愿变量对劳动力转移意愿的影响不显著，这一结果与预期方向不符。对此，大致可从两方面进行解释：一方面，农村劳动力可能并非在作转移决策之初就具有创业意愿，而是在城市工作和生活一段时间后，具备了必要的物质资本、人力资本、社会阅历、风险意识及市场经验等创业条件后，才产生创业想法；另一方面，由于城市提供的非农就业机会较多，农村劳动力在职业选择方面尚存不确定性，创业意愿较为模糊，创业意愿对劳动力转移决策的影响较弱。

5.3.2　基于变量分组的农村劳动力转移影响分析

考虑到个体特征差异可能会使农村劳动力动因存在差异，有必要基于个体结构差异考察农村劳动力转移动因。

1. 基于性别分组的农村劳动力转移影响模型

如表 5-5 所示，模型 1 和模型 2 分别是男性和女性农村劳动力的转移决策模型。首先，收入预期因素在性别分组中均呈现 1% 水平的显著性正向影响。这说明，无论是男性还是女性，其城市转移决策均受收入动因驱动，预期城乡收入差距越大，向城市转移的概率就越大。

表 5 – 5　　　基于性别分组的农村劳动力转移决策模型

变量类型	变量	模型 1（男性）	模型 2（女性）
收入预期	城乡预期收入差距	0.233 *** (0.054)	0.216 *** (0.069)
职业预期	技能获取意愿	0.251 *** (0.056)	0.045 (0.069)
	职业多样选择意愿	0.031 (0.059)	0.162 ** (0.073)
	职业稳定意愿	0.060 (0.195)	0.001 (0.170)
情感预期	择偶意愿	0.219 *** (0.059)	0.075 (0.074)
	子女教育意愿	0.251 *** (0.049)	0.143 ** (0.071)
	交际意愿	– 0.031 (0.034)	0.069 (0.044)
发展预期	职业晋升意愿	0.079 (0.069)	0.192 ** (0.085)
	未来创业意愿	– 0.110 (0.188)	0.131 (0.158)
	城市融入意愿	0.048 (0.062)	0.181 ** (0.077)
常量		– 2.917 *** (0.290)	– 3.194 *** (0.389)

变量类型	变量	模型1（男性）	模型2（女性）
样本个数		1599	1018
负2倍对数似然比		2031.791	1313.319
伪判决系数		0.084	0.075

注：括号内的数字为标准差，＊＊＊、＊＊分别代表在1%、5%的统计水平上显著。

其次，职业预期对不同性别农村劳动力转移决策的影响存在差异。这可能与两性的社会性别分工差异情况有关：男性被置于拥有较多机会与收入的分工链条中，女性则处于机会少、收入低的分工链条中。在此情况下，男性农村劳动力基于技能获取的转移更多地出于获取更多收入的考虑，而女性基于非农职业选择的转移则是出于改变市场分工体系链条中的不利地位、改善经济地位的考量（李健英，2007）。

再次，情感预期对不同性别农村劳动力转移决策的影响不同。其中，男性的情感诉求主要体现于婚恋和子女教育，对女性农村劳动力转移的影响则集中于子女教育方面。（1）男性农村劳动力婚恋诉求强烈，主要是因为前我国农村性别比例失衡，未婚男性多集中在农村地区。（2）子女教育预期对农村劳动力转移均呈现正向显著影响，这可能与城乡教育差距及个体自身阅历情况有关。

最后，发展预期对不同性别农村劳动力转移决策的影响不同。其中，男性农村劳动力的发展诉求较弱，而女性农村劳动力的发展诉求较为强烈，这一结果出乎预料。近年来，女性在农村劳动力流动过程中发挥着日趋重要的作用。由于女性劳动力的保留工资较男性低，在职业搜寻初期更易进入流入地的劳动力市场（宋月萍，2010）。为突破性别区隔，改善自身社会经济地位偏低的状况，女性农村劳动力在流动初期往往比较渴望实现职业阶层提升。此外，由于流入地经济一般相对发达，女性农村劳动力面临良好的就业机会和社会资源福利，为稳步提高经济社会地位，往往更倾向于融入流入地。

2. 基于年龄分组的农村劳动力转移影响模型

伴随农村劳动力总量的不断扩张，农村劳动力群体内部出现了明显的代际分化。新老两代农村劳动力在成长背景、资源禀赋、价值理念、生活方式及行为逻辑等方面高度异质（符平、唐有财，2009），这些差异在很大程度上影响着他们的城乡转移决策。在年龄分组方面，参照王春光对农村劳动力的代际划分，以1980年为分界线，将农村劳动力区分为新生代和老一代两个部分。

如表5-6所示，模型3和模型4分别是新生代农村劳动力和老一代农村劳动力的转移决策模型。首先，收入预期因素在模型3和模型4中均通过了显著性检验且系数为正。说明收入预期是影响新生代和老一代农村劳动力转移的共同动因，城乡预期收入差距越大，农村劳动力向城市转移的概率越大。

表 5 – 6 　　　基于年龄分组的农村劳动力转移决策模型

变量类型	变量	模型 3 （年龄≤35 岁）	模型 4 （年龄＞35 岁）
收入预期	城乡预期收入差距	0.143 * （0.078）	0.344 *** （0.054）
职业预期	技能获取意愿	0.335 *** （0.075）	0.055 （0.055）
	职业多样选择意愿	− 0.191 ** （0.078）	0.218 *** （0.059）
	职业稳定意愿	0.202 *** （0.074）	0.018 （0.144）
情感预期	择偶意愿	0.103 （0.081）	0.170 *** （0.057）
	子女教育意愿	0.523 *** （0.072）	0.112 ** （0.051）
	交际意愿	0.090 * （0.047）	− 0.031 （0.035）
发展预期	职业晋升意愿	0.029 （0.100）	0.134 ** （0.065）
	未来创业意愿	− 0.048 （0.079）	− 0.015 （0.137）
	城市融入意愿	0.127 （0.089）	0.153 ** （0.060）

续表

变量类型	变量	模型 3 （年龄≤35 岁）	模型 4 （年龄＞35 岁）
常量		−4.474*** (0.434)	−2.613*** (0.292)
样本个数		1089	1528
负 2 倍对数似然比		1228.744	1966.901
伪判决系数		0.120	0.094

注：括号内的数字为标准差，***、***、*分别代表在 1%、5% 和 10% 的统计水平上显著。

其次，职业预期对不同年龄农村劳动力转移决策的影响不同。收入预期对新生代农村劳动力转移的影响体现在技能获取、职业选择和就业稳定方面，而老一代农村劳动力的职业预期则集中体现在非农职业转换方面。这可能与两代农村劳动力的择业取向和价值理念有关。新生代农村劳动力在关注薪酬待遇的同时，更渴望通过人力资本积累，实现稳定就业及职业阶层跨越。其中，职业转换意愿变量对新生代农村劳动力转移决策的影响显著为负，可能的原因是，新生代农村劳动力刚步入劳动力市场时，尚处于职业探索和建立时期，通常难以在行业选择上实现一步到位，而是需经历一个迂回和过渡的阶段，故而在职业选择方面存在一定的模糊性，尽管如此，基于对"城市梦"的追求，他们依然会义无反顾地向城市转移。老一代农村劳动力转移决策与职业多样选择有关，则主要是基于通过职业流动追求更高收益的现实考虑。

再次，情感预期对不同年龄农村劳动力转移决策的影响不同。新生代农村劳动力转移主要是出于子女教育和社会交际，而老一代农村劳动力转移则侧重于择偶和子女教育，这一结果与已有研究稍有不同。对新生代农村劳动力而言，情感诉求主要与其所处的年龄阶段和婚姻状况有关。至于老一代农村劳动力，虽然普遍已婚，但他们的择偶偏好于新生代存在相似之处，且基于自身阅历和切身体验，更希望通过自己的打拼让下一代接受更好的教育，甚至不惜承受高昂的迁移成本而进城陪读。

最后，发展预期对不同年龄农村劳动力转移决策的影响不同。发展预期对新生代农村劳动力转移的影响尚未显现，可能是新生代农村劳动力年龄尚轻、缺少充足的人力资本和社会资源积累，在流动初期其发展期望尚不明显。发展预期对老一代农村劳动力转移的影响主要体现于职业晋升和城市融入方面，这可能与其稳定预期有关。

3. 基于婚姻状况分组的农村劳动力转移影响模型

关于婚姻状况分组情况来看（见表 5 - 7），潜在农村转移劳动力中的未婚者和已婚者诉求存在一定差异。首先，无论是未婚者还是已婚者，收入预期都对其影响其转移决策具有显著的正向影响。这说明，收入动因是农村劳动力转移的重要驱动力。

表 5 - 7　　基于婚姻状况分组的农村劳动力转移决策模型

变量类型	变量	模型 5（未婚）	模型 6（已婚）
收入预期	城乡预期收入差距	0.317 *** （0.081）	0.215 *** （0.051）
职业预期	技能获取意愿	0.396 *** （0.086）	0.043 （0.051）
	职业多样选择意愿	－ 0.096 （0.093）	0.195 *** （0.054）
	职业稳定意愿	－ 0.198 ** （0.084）	0.013 （0.132）
情感预期	择偶意愿	0.279 *** （0.093）	0.105 ** （0.053）
	子女教育意愿	0.125 （0.081）	0.222 *** （0.047）
	交际意愿	0.022 （0.053）	0.012 （0.032）
发展预期	职业晋升意愿	－ 0.064 （0.105）	0.201 *** （0.064）
	未来创业意愿	－ 0.038 （0.085）	－ 0.007 （0.124）
	城市融入意愿	0.171 * （0.098）	0.118 ** （0.056）
常量		－ 3.070 *** （0.454）	－ 2.757 *** （0.278）
样本个数		830	1787
负 2 倍对数似然比		925.227	2337.012
伪判决系数		0.090	0.074

注：括号内的数字为标准差，***、**、* 分别代表在1%、5%和10%的统计水平上显著。

其次，职业预期对已婚和未婚农村劳动力转移的影响存在差异。其中，未婚者的职业诉求主要体现在技能获取和职业稳定方面，而已婚者的职业诉求主要体现在非农职业选择方面。这可能与两个群体的就业取向、价值理念及家庭责任差异有关。

再次，情感预期对已婚和未婚农村劳动力转移决策的影响不同。其中，未婚的潜在农村转移劳动力的情感诉求主要体现在择偶方面，已婚者则体现于择偶与子女教育方面。究其原因，可能与两个群体所处的年龄阶段有关。对于未婚农村劳动力而言，由于他们年龄尚小且处于非婚状态，故其最现实、最迫切的情感诉求是婚恋问题的解决。对于已婚农村劳动力，由于年龄相对较大，基于其自身阅历和切身体验，更多地将"改变命运"的希望寄托在子女身上，希望通过自己的打拼让下一代接受良好的学校教育。至于已婚农村劳动力体现出的择偶诉求，可能与他们受周边婚恋迁移行为的影响，对以向外转移的形式突破婚恋困境持认可态度有关。

最后，发展预期对已婚和未婚农村劳动力转移决策的影响不同。其中，未婚的潜在农村转移劳动力的发展诉求主要体现于城市融入，这可能是与他们的生活阅历有关。由于未婚者年龄尚轻，他们大多乡土情结淡薄，未来发展以城市际遇为参照系，渴望通过城市融入改变其非城非乡、进退失据的双重边缘状态。已婚的潜在农村转移劳动力的发展诉求主要体现于职业晋升和城市融入。究其原因，职业晋升诉求的产生可能由于已婚者普遍肩负家庭经济责任，他们向城市转移既是迫于生存压力，也是出于追求事业发展的心理预期；城市融入诉求则主要是基于一种以市民化为动力的"社会理性"的追求。

4. 基于文化程度分组的农村劳动力转移影响模型

以九年义务教育阶段为分界线（见表 5 – 8），考察文化程度结构分析农村劳动力转移动因，结果发现，文化程度的差异导致潜在农村转移劳动力的诉求各不相同。首先，无论文化程度高低，收入预期对潜在农村转移劳动力均有显著的正向影响，说明收入动因是不同文化程度农村劳动力转移的共同诉求。

表 5 – 8　　基于文化程度分组的农村劳动力转移决策模型

变量类型	变量	模型 7 （初中及以下）	模型 8 （高中及以上）
收入预期	城乡预期收入差距	0. 214 *** （0. 054）	0. 344 *** （0. 071）
职业预期	技能获取意愿	0. 103 * （0. 053）	0. 253 *** （0. 076）
	职业多样选择意愿	0. 146 *** （0. 055）	– 0. 140 * （0. 083）
	职业稳定意愿	– 0. 099 （0. 135）	0. 359 （0. 368）

续表

变量类型	变量	模型 7 （初中及以下）	模型 8 （高中及以上）
情感预期	择偶意愿	0.145 *** （0.056）	0.167 ** （0.082）
	子女教育意愿	0.236 *** （0.048）	0.160 ** （0.075）
	交际意愿	- 0.026 （0.033）	0.058 （0.047）
发展预期	职业晋升意愿	0.210 *** （0.065）	- 0.028 （0.098）
	未来创业意愿	0.014 （0.126）	- 0.144 （0.359）
	城市融入意愿	0.110 * （0.058）	0.113 （0.086）
常量		- 2.668	- 3.589 *** （0.430）
样本个数		1706	911
负 2 倍对数似然比		2219.097	1090.885
伪判决系数		0.075	0.101

注：括号内的数字为标准差，***、**、*分别代表在1%、5%和10%的统计水平上显著。

其次，职业预期对不同层次文化程度农村劳动力转移决策的影响不同。从显著性方面来看，低文化程度的农村劳动力和高文化程度的农村劳动力职业诉求都体现在技能获取和非农职业选择两方面。其中，技能获取是各文化层次农村劳动力的共同诉求，这说明两个群体均希望通过职业技能提升实现人力资本积累。职业选择诉求对不同文化程度层次农村劳动力转移决策的影响方向相反。对于低文化程度的潜在农村转移劳动力而言，向非农职业转变是其向城市转移的重要动力。而对高文化程度的潜在农村转移劳动力而言，较高的文化程度形成了他们的人力资本优势，而较高的人力资本可实现自由的职业转换，不必拘泥于某一产业，为此，相对而言，高文化程度的农村劳动力职业多元选择意愿较弱。

再次，情感预期对不同层次文化程度的农村劳动力转移决策具有共同影响。择偶和子女教育对各文化层次农村劳动力转移决策均有显著的正向影响，社会交际诉求暂未显现。对于低文化层次的农村劳动力而言，择偶诉求是其突破择偶困境的现实路径，而子女教育诉求则是基于自身阅历对下一代的希望寄托。对高文化层次的农村劳动力而言，良好的文化素质使其在城市的就业竞争力增强，更易在城市解决择偶和子女教育问题，据此形成稳定的预期。

最后，发展预期对不同层次文化程度农村劳动力转移决策的影响不同。在职业晋升和城市融入方面，两个群体的发展诉求存在差异。其中，低文化层次农村劳动力的职业晋升和城市融入诉求较为强烈，而高文化层次农村劳动力的职业晋升和城市融入诉求非常弱。究其原因，可能是高文化层次农村劳动力的人力资本水平相对更高，较易实现职业晋升和城市融入，故而尚未形成强烈预期。

5.3.3　农村劳动力转移动因赋权排序

在托达罗初始模型中，收入预期是促使农村劳动力向城市转移的唯一动因。本书将非收入预期因素纳入托达罗模型，证明非收入预期对农村劳动力转移同样具有重要影响。正如马斯洛所言，"任何行为都往往由几个或者全部基本需要同时决定，而非只由其中的一个决定……如果一个行动或者有意识的愿望只有一个动机，那是异常的，不是普遍的"[①]。对于迁移者而言，高级需要的满足往往会引起"更深刻的幸福感，宁静感，以及内心生活的丰富感"[②]。为此，单一维度的收入预期显然不能表达农村劳动力的复杂诉求。

依据马斯洛的需求层次理论，人的动机是连续不断的、复杂的、无休止的，而非单一的、静态的、固定的，各种动机之间相互联系、相互重叠，而非孤立和排斥的。在很多情况下，需求的层次等级并非是刻板固定的，往往是并行不悖、相互兼容、互相作用的。参照马斯洛的理论，收入预期和非收入预期实际上都体现农村劳动力的内生需求，但次序不是固化的，可

---

①②　马斯洛. 人类动机的理论 [M]. 北京：中国人民大学出版社，2007：26－28，64，114.

同时展开，故存在一个权重排序问题。也就是说，同一时期潜在迁移者对影响迁移决策的各动因的重视程度是不同的。由此，对劳动力转移动因的重要程度进行测度是本书比较非收入预期因素和收入预期因素影响程度的微观验证。

1. 赋权方法选取

在多指标评价体系中，合理而恰当地确定指标权重至关重要。目前，关于权重确定的方法有数十种之多（叶义成、柯丽华等，2006）。依据权重确定方式的不同，可大致分为主观赋权法和客观赋权法两类。主观赋权法是通过专家咨询综合量化确定指标权重，客观赋权法则是基于样本数据的变异程度和相关关系确定指标权重（彭勇行、王跃辉，2000）。在客观赋权法中，均方差法因其概念清晰、计算简便及客观性强等优点而具有较好的应用价值（韩延玲、高志刚，2007）。为此，本书选取的权重确定方法为均方差法。

基于均方差法确定指标权重的基本原理是：每个指标相对权重的确定主要取决于该指标下各样本数据值的相对离散程度，离散程度越大，则指标赋予的权重越大，反之，指标赋予的权重则越小；若离散程度为0，则指标应赋权为0。具体计算步骤如下：

（1）计算各指标的均值 $\bar{Z}_j$

$$\bar{Z}_j = \frac{1}{n} \sum_{i=1}^{n} Z_{ij}$$

（2）计算各指标的均方差 σ_j

$$\sigma_j = \sqrt{\sum_{i=1}^{n}(Z_{ij} - \overline{Z}_j)^2}$$

（3）将均方差作归一化处理，得到指标的权重 W_j

$$W_j = \sigma_j \Big/ \sum_{j=1}^{p}\sigma_j$$

（4）进行多指标决策与排序

2. 各影响动因权重测度及排序

由计量模型和实证分析可知，除收入预期因素外，包括情感预期、职业预期及发展预期在内的非收入预期因素对农村劳动力转移决策同样具有重要影响。前述的实证分析揭示了各影响动因对农村劳动力转移决策的总体影响或趋势，但忽略了影响变量的具体细节（程名望、潘烜，2010）。为进一步分析农村劳动力转移各影响动因的作用程度，本部分采用均方差法对核心自变量①进行权重排序（见表5-9）。

在影响农村劳动力迁移决策的诸多因素中，情感预期超越收入预期，成为吸引农村劳动力向城市转移的首要因素，职业预期与收入预期并列第二位，发展预期位列第三位。依据马斯洛的需求层次理论，伴随经济社会的不断发展，生产力发展和经济关系的变革促使人的需求和动机不断丰富深化，需求格局

---

① 此处仅对经济预期因素和非经济预期因素中的显著变量进行排序，不考虑个人特征变量。

会产生相应变化。在物质文明和精神文明较为发达的现代社会，农村劳动力的务工收入不断改善，其对社会需要、尊重需要及自我实现等精神需求的关注度不断提升，非经济诉求成为推进农村劳动力转移的重要因素。就目前的调查情况来看，收入预期因素和非收入预期因素同时构成农村劳动力转移的动因，且部分非收入预期因素的影响程度甚至超越了收入预期因素的影响（见表5-9）。由此，托达罗模型回避非收入预期因素，将影响农村劳动力转移决策的诸多因素归纳为预期城乡收入差距单一维度，显然略显单薄和片面。

表5-9　　　　　农村劳动力转移各动因的权重分布

变量类型	变量名称	均值	均方差	权重（%）	平均值	排序
收入预期	预期城乡收入差距	2.14	1.012	14.59（4）	14.59	2
情感预期	择偶意愿	2.35	1.016	14.65（3）	15.18	1
	子女教育意愿	2.90	1.090	15.71（1）		
职业预期	技能获取意愿	2.60	1.042	15.02（2）	14.59	2
	职业多样选择意愿	2.00	0.982	14.16（5）		
发展预期	职业晋升意愿	2.41	0.879	12.67（7）	12.935	3
	城市融入意愿	2.29	0.916	13.20（6）		

进一步地，由各类变量包含的二级指标来看，影响农村劳动力转移决策的各因素按重要程度依次为子女教育、技能获取、择偶、预期城乡收入、职业多样选择、城市融入及职业晋升。

其中，预期城乡收入差距对农村劳动力转移决策的影响程度位列第四，这说明非收入预期因素已悄然演化为农村劳动力转移的新驱动力，在劳动力转移决策影响体系中占据重要位置。需要注意的是，这一结论可能与样本的年龄较轻有关。就样本年龄分布情况而言，样本平均年龄为 36.96 岁，主要是一个年轻群体。首先，从所处的生命周期阶段来看，该群体年龄较轻，需要在外出务工期间解决从恋爱、结婚、生育到子女上学等一系列人生重要问题，故其婚恋诉求及子女教育诉求较为迫切。其次，从个人禀赋和生活阅历来看，该群体的职业选择更趋理性，外出务工时不仅关注薪酬待遇，还非常重视工作环境、技能获取、职业发展前景等"软条件"。最后，从未来发展归宿来看，由于年龄相对较轻，该群体的成长轨迹使其日趋脱离农村，其未来发展不再以农村际遇为参照系，而是以城市融入为最终目标。可以预见，随着我国经济社会的不断发展，非收入预期因素的内涵将会更加丰富，由非收入预期因素驱动的农村劳动力转移行为将会日益增多。

5.4　本章小结

本章主要是基于微观调研数据对修正后的托达罗模型进行实证检验。本章首先介绍了样本数据的来源及其主要特征，其次设置相关变量并选取适宜的实证分析方法，最后运用二元 Logistic 回归分析对影响农村劳动力转移决策的收入预期因素和非收入预期因素进行实证分析和结构分析，为深入探析各动因对农村劳动力转移的影响程度，采用均方差对各动因进行权重确定和排序。研究发现，包含情感预期、职业预期和发展预期在内的非收入预期因素已然成为推动农村劳动力转移的重要动因。并且，非收入预期因素中的情感预期对农村劳动力转移的影响程度甚至超越了收入预期的影响，这表明将非收入预期因素纳入托达罗模型进行修正是极为必要的。

第 **6** 章

结论与展望

基于上述 5 章内容，本书就农村劳动力转移动因问题进行了初步探讨。通过引入非收入预期因素对托达罗模型进行修正，并实证检验农村劳动力转移决策各动因的影响，论证了非收入预期因素对农村劳动力转移的重要影响。作为全书的落脚点，本章主要是阐述研究结论，据此提出相应的政策建议，并指出本书的研究不足与需进一步完善的方向。

6.1 研究结论

基于托达罗模型的理论框架，本书将非收入预期因素纳入模型进行修正，并结合微观调研数据验证修正模型。主要得到以下研究结论。

　　第一，"复杂人"假设为理解个体行为动机及复杂人性提供了一个全新而现实的分析视角，对理解劳动力转移的深层动因具有重要启示。要解决托达罗模型忽视非经济预期因素的理论缺陷，必须正视人性的丰富性和多维性，提出一个能够统摄迁移个体人性全貌的假设前提。本书突破"经济人"假设的研究定势，基于"复杂人"假设，探讨农村转移劳动力的复杂诉求及其对转移决策的影响。鉴于既有研究对经济因素的关注较为充分，本书将研究焦点聚集于影响农村劳动力转移的非收入动因的影响。

　　第二，收入预期不是农村劳动力转移的唯一动因，非收入预期因素已成为推动农村劳动力转移的重要驱动力。托达罗模型将城乡预期收入差距视为影响农村劳动力转移的唯一动因。现实中，随着生产力水平的提高和社会发展的进步，人的经济行为和价值取向日趋复杂，利益诉求逐渐超越物质需求层次，上升至更为高级的心理社会层面。为此，仅从单一的经济维度解释农村劳动力转移动因，显然有失偏颇。基于文献梳理和实证分析发现，收入预期和非收入预期均是影响农村劳动力转移的重要动因。本书基于 2617 个微观样本数据，运用二元 Logistic 方法对影响农村劳动力转移决策各因素进行实证分析，结果表明：（1）个体特征变量对农村劳动力转移决策具有重要影响。其中，年龄变量、婚姻状况变量和文化程度变量对农村劳动力转移决策具有显著影响，性别变量对农村劳动力转移决策的影响尚不明朗。（2）预期城乡收入差距对农村劳动力转移意愿有正向影响，说明托达罗模型在解释我国农村劳动力转移的经济动因方面依然具有解释力。（3）包括情感预期、职业预期、发展预期在内的非收入预期因素对农村劳动力转移具有重要影响。相关假设得到较好的数据支持。其中，非收入预期因素中的择偶意愿、子女教育意愿、技能获取意愿、职业多样选择意愿、职业晋升意愿及城市融入意愿变量对农村劳动力转移决策产生了显著的正向影响，其他变量对劳动力转移的影响有待进一步探讨。这表明，考虑非收入预期因素的农村劳动力转移分析框架显然更贴近现实。

第三，考虑潜在农村转移劳动力个体差异发现，性别、年龄、婚期状况、文化程度方面存在的差异，导致个体转移动因存在差异。其中，基于性别分组的农村劳动力转移决策分析发现，男性劳动力的诉求主要体现在收入、婚恋和技能获取方面，女性劳动力的诉求则体现于收入、职业选择、子女教育、职业晋升及城市融入方面；基于年龄分组的农村劳动力转移决策分析发现，新生代的诉求主要体现在收入、职业、子女教育方面，而老一代的诉求则表现在收入、职业转换、婚恋、子女教育、职业晋升及城市融入方面；基于婚姻状况分组的农村劳动力转移决策分析发现，未婚农村劳动力的诉求主要体现在收入、技能获取、就业稳定、婚恋及城市融入方面，已婚者的诉求则表现在收入、职业选择、婚恋、子女教育、职业晋升及城市融入方面；基于文化程度分组的农村劳动力转移决策分析发现，低文化层次的农村劳动力诉求主要体现在收入、职业选择、技能获取、婚恋、子女教育、职业晋升及吃融入方面，高文化层次农村劳动力的诉求则主要表现于收入、职业选择、技能获取、婚恋及子女教育方面。

第四，对核心自变量进行赋权排序发现，非收入预期因素中的某些变量对农村劳动力转移决策的影响已经超越经济预期。采用客观赋权法中的均方差法对各影响因素进行权重确定和排序发现，在农村劳动力转移决策的各影响动因中，情感预期因素位居首位，职业预期和经济预期不分伯仲紧随其后，发展预期位列最后。

第五，本书认为随着新型城镇化建设的推进，非收入预期因素的内涵将日趋丰富，由非收入预期因素驱动的农村劳动力转移将会日益增多。在制定政策时，不仅要关注农村转移劳动力的经济诉求，更要采取相应措施满足他们的非经济权益诉求，以此提升转移意愿。

6.2 政策建议

结合上述研究结论，提出以下政策建议。

第一，缩小城乡差距，推进城乡发展一体化。

由本书第 5 章可知，城乡二元结构是我国农村劳动力转移的现实背景，城乡差距不仅包含城乡收入差距，还包括城乡消费差距、城乡教育差距、城乡医疗差距、城乡就业差距及城乡政府公共投入差距等。城乡差距是农村劳动力向城市转移的直接动力。要改善城乡分割态势，须积极推进城乡发展一体化。正如党的十八大报告所指出的，城乡发展一体化是解决"三农"问题的根本途径。由此，作为我国城乡关系政策体系追求的重要目标（李宾，2012），城乡发展一体化是促进农村劳动力合理流动的题中之义。

具体来说，推进城乡发展一体化需从以下几方面入手：一是促进城乡公共资源均衡配置，推进城乡居民基本公共服务均等化；二是推动城乡公共服务与管理一体化，逐步实现城乡社会保障制度的相互衔接；三是建设城乡统一开放、竞争有序的要素市场体系，引导资金、人才、技术等要素向农村集聚；四是转变农业发展方式，发展多种形式的适度规模经营，加快实现农业现代化。

第二，改善农民工就业环境，解决农民工职业诉求。

职业状况与个人经济地位和社会地位密切相关。由本书第 4 章和第 5 章分析可知，职业预期是激励农村劳动力转移的重要动力。当前，农村劳动力择业渐趋理性，不只关注工资待遇，对于职业类型、稳定性、发展前景等也高度重视。现阶段，我国人口红利逐渐消减，"民工荒"将愈演愈烈。"民工荒"的出现，反映了农民工对工资低、环境差、劳动强度大等不平等待遇的诉求。由此，要促进农村劳动力的可持续转移，必须关注其多元化的职业诉求，为其营造良好的就业环境。

对此，可从以下几个方面着手：一是取消对农村劳动力就业的各种不合理限制，落实农民工与城镇职工同工同酬，保障就业公平；二是建立完善农民工权益保护机制，维护农民工的社会保障权益，提高就业质量；三是加强农民工职业技能培训，拓展农民工职业发展通道，增强发展动力。

第三，关注农民工的情感诉求，制度建设与人文关怀并举。

第6章的实证分析表明，情感预期是影响农村劳动力转移决策的重要动因。这说明，除了经济动因外，农村劳动力的转移行为还受情感需求驱动。现实中，由于农民工通常处于劳动力市场的低端位置，其情感诉求通常难以满足[①]。一项关于"农民工未来5年社会预期"的社会调查显示，婚恋、养老、子女教育是农民工焦虑的主要问题[②]。显然，若不能妥善处理农民工的情感问题，势必会抑制农村劳动力转移意愿。处理农民工的情感诉求，除了推进制度建设外，更要加强人文关怀。

具体来说，要处理农民工的情感问题，可从以下方面入手：一是吸纳符合条件的农民工进城落户（少数超大城市除外），并将其纳入城市社会保障体系，为其情感诉求提供坚实的制度

---

① 黄慧. 进城务工婚恋难：精神贫乏背后的社会割裂［N］. 中国妇女报，2015－11－24.
② 何楠. 婚恋是受访农民工最焦虑的问题［N］. 中国青年报，2015－05－07.

保障。二是加强对农民工的人文关怀，逐步解决农民工在就业、社会保障、子女入学等方面的实际问题；三是增强公共文化服务水平，为丰富农民工开展精神文化生活创造良好条件。

第四，推进主体平等与共享发展，处理农民工发展诉求。

第6章的实证分析表明，发展预期是影响农村劳动力转移决策的重要动因。农村劳动力的发展预期越强烈，其向城市转移的意愿越强。现实中，受城市政治生态及制度安排影响，农民工的发展预期与现实遭遇、权益诉求与政策排斥、融入意愿与生存困境之间存在着较大落差，导致其诸多发展诉求难以得到保障（冉光仙，2016）。从长远角度来看，发展预期在农民工诸多利益诉求中居于核心位置。为此，在解决生存诉求的同时，还必须对其发展诉求予以重视。就我国经济社会发展的现实来看，解决农民工发展诉求，必然是一个逐步推进的过程。

政策层面而言，要处理农民工的发展诉求，须逐步推进主体平等，让农民工共享发展成果。具体可从以下几个方面着力：一是要提升农民工的社会主体地位，使其享有与城市居民同等的权利，以此增进城市认同感、获得感；二是要贯彻落实共享发展理念，有序推进农民工市民化；三是要拓宽职业晋升渠道，鼓励农民工通过职业技能提升实现职业晋升。

第五，推动户籍制度改革，维护农民工的公民平等权利。

第6章的实证分析表明，城市融入意愿越强烈，农村劳动力向城市转移的意愿更强烈。这说明，城市融入意愿的提升，将有利于促进农村劳动力向城市转移。现实中，我国户籍制度壁垒和过去相当长一段时期内劳动力无限供给的人口红利，形成和强化了城市、工业对农村、农民的相对优越感。现行的户籍制度附着教育、社会保障等权益和福利，城乡有别的户籍制度所内含的不平等因素提高了农村劳动力的城市生活成本，阻碍着他们融入城市（杨风，2011）。要促进农村劳动力融入城市，深化户籍制度改革势在必行。

户籍制度改革的根本目的在于消除户籍关系上附着的各项经济社会差别，实现城乡居民发展机会平等化，赋予城乡居民同等待遇（程名望，2007）。具体而言，要消除户籍歧视导致的城市融入障碍，必须多管齐下：一是消除城乡户籍壁垒，建立城乡统一的户口登记制度；二是建立居住证制度，推进基本公共服务和公共产品由户籍人口向常住人口全覆盖；三是消除户籍特权，保障农村劳动力获得平等公民权。

第六，促进人力资本积累，优化农村劳动力资源配置。

由本书的样本特征可知，受访者的文化程度普遍不高，高中以下文化程度的农村劳动力占据主体地位。尽管有迁移意愿的农村劳动力文化程度较不愿迁移者稍高，但总体差距不大。实证分析显示，文化程度对农村劳动力转移决策具有显著的负向影响。这说明，转移劳动力的文化素质整体偏低，人力资本水平有待提高。劳动力转移是经济增长的源泉，而经济增长又依赖于转移过程中劳动力的人力资本积累（刘祚祥、胡跃红等，2008）。农村转移劳动力人力资本积累的提高是产业升级、全要素生产率提高的重要因素（屈小博、都阳，2013）。现阶段，我国经济下行压力加大与产业亟待转型升级并存，大量农村劳动力因人力资本水平低下而在市场竞争中处于劣势，不仅就业层次低而且难以实现正规就业（展进涛、刘桢等，2017）。为此，提高农村劳动力的人力资本积累，有利于改善其就业质量，优化农村劳动力资源配置。

具体而言，可以从以下几个方面增强农村劳动力的人力资本积累：一是重视提高农村劳动力的人力资本水平，采取灵活多样的办学方式（如成教、自考、函授、夜大），提供更多接受高等教育的机会（谢勇，2015）；二是提升农民工人力资本专用性水平，强化专业技能培训，并就培训效果进行科学评估（周世军、刘丽萍等，2016）；三是加强制度创新，打破部门利益，建立由政府、企业、社会组织及农民工参与的多方联动机制。

6.3　研究局限与展望

1. 人性假设方面

人性假设是对个体本质属性的基本认识，是阐释个体行为动机的关键假设。本书基于"复杂人"假设对托达罗模型进行修正，旨在合理地引入非收入预期因素。伴随着社会发展和学术界对人性本质认识的逐步深入，人性研究处于动态生成中。当前，继"经济人""社会人""自我实现人"及"复杂人"提出后，又有学者陆续提出"道德人""生态人""智能人""文化人""全面发展人""主权人""主观理性人"等人性假说，学术界对人性的认识越来越趋深入和多元。不同人性假设对人本质属性的认识各有差异。由此，本书基于"复杂人"假设解释潜在农村转移劳动力动机，难免会存在一定的片面性。

伴随着人性假设的不断完善，在未来的研究中，若能运用更符合人性本质的人性假设解释农村劳动力转移问题，可能会更为全面、真实。

2. 研究样本方面

本书研究的核心是对托达罗模型进行修正，为达到良好的研究效果，笔者自行设计了相关调查问卷。限于经费、精力及时间等诸多原因，仅选取了四川、贵州及重庆三个地区作为调研区域进行调查，共获得2617个样本数据。以我国这样的人口大国作为研究对象，样本量可能还不够充分。

在未来的研究中，如果能在更大范围内取样，并进行对比研究，结果可能更具说服力。此外，农村劳动力转移决策是一个动态演化过程，如果能对农村劳动力样本进行长期、连续地跟踪调查，则有助于把握农村劳动力转移动因的阶段性特征及发展趋势。如果用面板数据替代截面数据，并运用多种计量方法进行分析，对于农村劳动力转移动因的揭示可能会更加充分。本书主要是提供一个修正托达罗模型的研究思路，后续研究者可沿着本书的研究脉络扩充样本数据量。

3. 变量选取方面

农村劳动力转移是一个错综复杂的社会问题。为此，书中关于农村劳动力城乡转移非收入预期因素的分析难免存在遗漏和疏忽。可能的原因有三：一是影响农村劳动力城乡转移决策的非收入预期因素纷繁复杂，涉及内容非常庞大，在维度上难以穷尽；二是各迁移个体的利益诉求不可能完全一致，无法将每一个可能的微小的影响因素都列入研究框架，由此必然会限制部分影响变量进入模型；三是限于个人理论水平和认知深度的关系，也可能导致部分因素没有考虑到位。

在未来的研究中，要全面、细致地解释农村劳动力转移的影响动因，可将其置于更广泛的学科领域中。

参 考 文 献

［1］敖荣军. 劳动力流动与中国地区经济差距［M］. 北京：中国社会科学出版社，2008.

［2］蔡昉，都阳. 经济转型过程中的劳动力流动——长期性、效应和政策［J］. 学术研究，2004（6）：16 - 22.

［3］蔡昉，都阳. 迁移的双重动因及其政策含义——检验相对贫困假说［J］. 中国人口科学，2002（4）：3 - 9.

［4］蔡昉，王美艳. 为什么劳动力流动没有缩小城乡收入差距［J］. 经济学动态，2009（8）：4 - 10.

［5］蔡昉. 农村剩余劳动力流制度性障碍分析——解释流动与差距同时扩大的悖论［J］. 经济学动态，2005（1）：35 - 39，112.

［6］蔡昉. 破解农村剩余劳动力之谜［J］. 中国人口科学，2007（2）：2 - 7，95.

［7］曹宗平. 农村剩余劳动力转移的成本分析及路径选择［J］. 山东社会科学，2009（4）：74 - 77.

[8] 常进雄, 赵海涛. 工资歧视与农村居民的非农劳动供给 [J]. 经济管理, 2014, 36 (12): 154－162.

[9] 陈迪平. 两类人口转移模型与我国的现实选择 [J]. 求索, 2002 (6): 31－33.

[10] 陈华林. 农村剩余劳动力转移对农村和城市经济发展的影响 [J]. 求索, 2004 (4): 56－58.

[11] 陈会广, 刘忠原. 土地承包权益对农村劳动力转移的影响——托达罗模型的修正与实证检验 [J]. 中国农村经济, 2013 (11): 12－23.

[12] 陈科, 傅强. 农村劳动力转移决策及其转移收入的影响因素研究——基于2012—2014年四省农户的实证分析 [J]. 暨南学报 (哲学社会科学版), 2016 (6): 64－74.

[13] 陈朔, 冯素洁. 经济增长速度与农村劳动力转移 [J]. 南开经济研究, 2005 (5): 46－49, 66.

[14] 陈锡康. 中国城乡经济投入占用产出分析 [M]. 北京: 科学出版社, 1992.

[15] 陈杨乐. 中国农业剩余劳动力规模及滞留经济代价研究 [J]. 人口与经济, 2001 (2): 52－68.

[16] 陈怡安. 人力资本积累与农村劳动力就业转移分配的实证检验 [J]. 统计与决策, 2012 (13): 97－100.

[17] 陈钊, 陆铭. 从分割到融合: 城乡经济增长与社会和谐的政治经济学 [J]. 经济研究, 2008 (1): 21－32.

[18] 陈忠林. 现代企业组织行为规则 [M]. 北京：华文出版社，1999.

[19] 陈宗胜，周云波，任国强. 影响农村三种非就业途径的主要因素研究——对天津市农村社会的实证分析 [J]. 财经研究，2006 (5)：4 – 18.

[20] 程开明. 从城市偏向到城乡统筹：城乡关系研究特征研究 [M]. 杭州：浙江工商大学出版社，2010.

[21] 程名望，孟霞，孙元元，范斐. 家庭决策、公共服务差异与劳动力转移 [J]. 宏观经济研究，2016 (6)：105 – 117.

[22] 程名望，潘烜. 就业风险对农村剩余劳动力转移的影响——模型与实证 [J]. 公共管理学报，2010，7 (3)：39 – 46，124.

[23] 程名望，阮青松. 资本投入、耕地保护、技术进步与农村剩余劳动力转移 [J]. 中国人口·资源与环境，2010，20 (8)：27 – 32.

[24] 程名望，史清华，刘晓峰. 中国农村劳动力转移：从推到拉的嬗变 [J]. 浙江大学学报（人文社会科学版），2005 (6)：105 – 112.

[25] 程名望，史清华，潘烜. 城镇适应性、技能型收益、精神受益与农村劳动力转移——基于 2291 份调查问卷的实证分析 [J]. 公共管理学报，2013，10 (1)：91 – 97，142.

[26] 程名望，史清华，徐剑侠. 中国农村劳动力转移动因

与障碍的一种解释 [J]．经济研究，2006（4）：68 - 78.

[27] 程名望，史清华．个人特征、家庭特征与农村剩余劳动力转移——一个基于 Probit 模型的实证分析 [J]．经济评论，2010（4）：49 - 55.

[28] 程名望，史清华．经济增长、产业结构与农村劳动力转移 [J]．经济学家，2007（5）：49 - 54.

[29] 程名望．劳动力流动决策的理论与经验研究述评 [J]．社会科学战线，2008（4）：71 - 84.

[30] 程名望、潘烜．个人特征、家庭特征对农村非农就业影响的实证 [J]．中国人口·资源与环境，2012，22（2）：94 - 99.

[31] 程名望．中国劳动力流动与"三农"问题 [M]．武汉：武汉大学出版社，2005.

[32] 程名望．中国农村劳动力转移：机理、动因与障碍——一个理论框架与实证分析 [D]．上海：上海交通大学，2007.

[33] 戴翔，刘梦，任志成 劳动力演化如何影响中国工业发展：转移还是转型 [J]．中国工业经济，2016（9）：24 - 40.

[34] 邓大松，孟颖颖．中国农村剩余劳动力转移的历史变迁 [J]．贵州社会科学，2008（7）：4 - 12.

[35] 都阳，朴之水．劳动力迁移收入转移与贫困变化 [J]．中国农村观察，2003（5）：2 - 9，17 - 80.

[36] 杜鑫，史清华，徐剑侠．中国农村劳动力转移动因与

障碍的一种解释 [J]. 经济研究, 2006 (4): 68 -78.

[37] 杜鑫. 劳动力流动决策的理论与经验研究述评 [J]. 社会科学战线, 2008 (4): 70 -77.

[38] 杜鑫. 劳动力转移对农村消费和投资水平的影响 [J]. 财经理论与实践, 2010, 31 (3): 2 -7.

[39] 杜鑫. 劳动力转移、土地租赁与农业资本投入的联合决策分析 [J]. 中国农村经济, 2013 (10): 63 -75.

[40] 段成荣, 潘烜. 就业风险对农村剩余劳动力转移的影响——模型与实证 [J]. 公共管理学报, 2010 (3): 39 -47.

[41] 段成荣, 孙磊. 流动劳动力的收入状况及影响因素研究——基于 2005 年全国 1% 人口抽样调查数据 [J]. 中国青年研究, 2011 (1): 54 -61.

[42] 段亚伟. 社保统筹层次过低对农村劳动力流动的影响——基于扩展的托达罗模型的解释 [J]. 财贸研究, 2015, 26 (3): 42 -49.

[43] 段雨澜. 经济人假设——反思·发展 [M]. 昆明: 云南民族出版社, 2008.

[44] 樊茂勇, 侯鸿翔. 二元经济条件下农村隐性失业分析 [J]. 经济评论, 2000 (5): 47 -50.

[45] 范晓非, 王千, 高铁梅. 预期城乡收入差距及其对我国农村劳动力转移的影响 [J]. 数量经济技术经济研究, 2013, 30 (7): 20 -35.

[46] 封进，张涛. 农村转移劳动力的供给弹性——基于微观数据的估计 [J]. 数量经济技术经济研究，2012，29（10）：69 – 82.

[47] 符平，唐有才，江立华. 农民工的职业分割与向上流动 [J]. 中国人口科学，2012（6）：75 – 82，112.

[48] 高国力. 区域经济发展与劳动力迁移 [J]. 南开经济研究，1995（2）：27 – 32.

[49] 高虹，陆铭. 社会信任对劳动力流动的影响——中国农村整合型社会资本的作用及其地区差异 [J]. 中国农村经济，2010（3）：12 – 24，34.

[50] 郭力，陈浩，曹亚. 产业转移与劳动力回流背景下农民工跨省流动意愿的影响因素分析——基于中部地区6省的农户调查 [J]. 中国农村经济，2011（6）：45 – 53.

[51] 郭熙保，黄灿. 刘易斯模型、劳动力异质性与我国农村劳动力选择性转移 [J]. 河南社会科学，2010，18（2）：64 – 68，218.

[52] 郭熙保. 农业剩余劳动问题探讨 [J]. 经济学家，1995（3）：63 – 69.

[53] 郭咸纲. 多维博弈人性假设 [M]. 广州：广东经济出版社，2003.

[54] 郭震. 基于内生选择性转移模型的劳动力城乡转移动因分析 [J]. 农业技术经济，2014（10）：48 – 57.

[55] 国务院发展研究中心课题组.农民工市民化：制度创新与顶层政策设计 [M].北京：中国发展出版社，2011.

[56] 韩延玲，高志刚.新疆区域投资环境的组合评价研究 [J].干旱区资源与环境，2007（1）：103－108.

[57] 杭雷鸣，屠梅曾.论收入差距扩大化对剩余劳动力转移的阻碍效应 [J].经济问题，2005（9）：38－40.

[58] 郝大明.农业劳动力转移对中国经济增长的贡献率：1953－2015 [J].中国农业经济，2016（6）：44－57.

[59] 何景熙.不充分就业：中国农村劳动力剩余的核心与实质——农村剩余劳动力定义与计量新探 [J].调研世界，2000（9）：9－11，5.

[60] 和立道.医疗卫生基本公共服务的城乡差距及其均等化路径 [J].财经科学，2011（12）：114－120.

[61] 洪传春，刘某承，李文华.农业劳动力转移的动力机制及其对粮食安全的影响 [J].兰州学刊，2014（9）：176－182.

[62] 洪炜杰，陈小知，胡新艳.劳动力转移规模对农户农地流转行为的影响——基于门槛值的验证分析 [J].农业技术经济，2016（11）：14－23.

[63] 侯凤云.中国农村劳动力剩余规模估计及外流规模影响因素的实证分析 [J].中国农村经济，2004（3）：13－21.

[64] 侯鸿翔，王媛，樊茂勇.中国农村隐性失业问题研究 [J].中国农村观察，2000（5）：30－35，81.

［65］侯玉莲．行为科学的奠基人［M］．保定：河北大学出版社，2005．

［66］胡鞍钢．中国就业状况分析［J］．管理世界，1997（3）：37－55．

［67］胡枫，史宇鹏．农民工回流的选择性与非农就业：来自湖北的证据［J］．人口学刊，2013，35（2）：71－80．

［68］胡奇．土地流转对农村剩余劳动力数量影响的研究［J］．人口与经济，2012（5）：102－108．

［69］胡武贤，林楠，许喜文．农村劳动力转移的社会负面效应及其消解［J］．江西社会科学，2006（12）：193－196．

［70］胡雪萍．中国农业剩余劳动力转移的路径选择［M］．北京：北京财政经济出版社，2008．

［71］黄国华．非农业对农村劳动力转移影响的实证分析［J］．西北人口，2011，32（1）：11－14．

［72］黄宁阳，龚梦．农村劳动力跨省转移意愿的个体特征及家庭因素分析——基于农户调查的 Logit 回归模型［J］．中国农村观察，2010（2）：27－33，62．

［73］黄平．寻求生存：当代中国农村外出人口的社会学研究［M］．昆明：云南人民出版社，1997．

［74］黄善林，卢新海．土地因素对农户劳动力转移的影响路径研究［J］．干旱区资源与环境，2016，30（9）：85－90．

［75］黄忠华，杜雪君，虞晓芬．地权诉求、宅基地流转与

农村劳动力转移 [J]. 公共管理学报, 2012, 9 (3): 51-59, 124-125.

[76] 季文, 应瑞瑶. 农民工流动、社会资本与人力资本 [J]. 江汉论坛, 2006 (4): 63-66.

[77] 贾伟, 辛贤. 农村劳动力转移对国民经济增长的贡献 [J]. 中国农村经济, 2010 (3): 4-11.

[78] 柯荣住. 城市人口控制制度及其变迁——迁移者与政府的博弈 [J]. 中国社会科学, 2000 (6): 26-36, 205.

[79] 孔祥利, 毛毅, 丁亮. 社会保障视域下农村劳动力转移对农民收入的影响 [J]. 统计与信息论坛, 2009, 24 (12): 9-13.

[80] 赖小琼, 余玉平. 成本收益视线下的农村劳动力转移——托达罗模型的反思与拓展 [J]. 当代经济研究, 2004 (2): 22-26.

[81] 李宾, 马九杰. 劳动力转移、农业生产经营组织创新与城乡收入变化影响研究 [J]. 中国软科学, 2014 (7): 60-76.

[82] 李宾, 马九杰. 劳动力转移是否影响农户选择新型农业经营模式——基于鄂渝两地数据的研究 [J]. 经济社会体制比较, 2015 (1): 182-191.

[83] 李富有, 郭小叶, 王博峰. 户籍制度对农村劳动力流动趋势的影响分析——基于改进的托达罗模型 [J]. 陕西师范大学学报 (哲学社会科学版), 2013, 42 (6): 152-159.

［84］李光明，潘明明．就业能力、择业预期与维吾尔族农村劳动力外出务工意愿［J］．人口与经济，2014（2）：30-38．

［85］李萍，詹新民．迁入地就业容量与就业风险对劳动力流动的影响——以广东省为例［J］．中国人口科学，2011（2）：57-65，112．

［86］李强．管理心理学［M］．北京：北京工业大学出版社，2002．

［87］李实，周天勇．中国就业、再就业与劳动力转移的趋势和出路［J］．财经问题研究，1999（11）：3-12．

［88］李实．中国农村劳动力流动与收入增长和分配［J］．中国社会科学，1999（2）：16-33．

［89］李停．农地证券化、劳动力转移与城乡收入分配［J］．中国土地科学，2016，30（6）：52-61．

［90］李晓春，马轶群．我国户籍制度下的劳动力转移［J］．管理世界，2004（11）：47-52，155．

［91］李勇刚，周经．土地财政、住房价格与农村剩余劳动力转移［J］．经济与管理研究，2016，37（8）：78-86．

［92］李勇刚．收入差距、房价水平与农村剩余劳动力转移——基于面板联立方程模型的经验分析［J］．华中科技大学学报（社会科学版），2016，30（1）：83-91．

［93］李志俊，郭剑雄．劳动力选择性转移对农村家庭人口偏好转变的影响［J］．中国农村观察，2011（3）：40-49．

[94] 林群慧，金时．新环境问题研究对2000年以来环境热点问题研究［M］．北京：中国环境科学出版社，2005．

[95] 林善浪，王健．家庭生命周期对农村劳动力转移的影响分析［J］．中国农村观察，2010（1）：25－33，94，95．

[96] 刘成斌．生存理性及其更替——两代农民工进城心态的转变［J］．福建论坛（人文社会科学版），2007（7）：132－135．

[97] 刘根荣．风险、能力、成本三重约束下中国农村剩余劳动力的流动机制［J］．当代财经，2006（11）：10－15．

[98] 刘文．1997年以来我国农村劳动力流动趋势分析［J］．南开学报，2004（3）：36－43．

[99] 刘秀梅，田维明．我国农村劳动力转移对经济增长的贡献分析［J］．管理世界，2005（1）：91－95．

[100] 刘艳华，宋乃平，陶燕格，王磊．禁牧政策影响下的农村劳动力转移机制分析——以宁夏盐池县为例［J］．资源科学，2007（4）：40－45．

[101] 刘宇翔．农民专业合作经济组织成员意愿与行为分析［M］．郑州：郑州大学出版社，2011．

[102] 刘正鹏．农村剩余劳动力估计及其方法——兼与管荣开同志探讨［J］．农业技术经济，1986（8）：22－24．

[103] 刘祚祥，胡跃红，周丽．农村劳动力流动、人力资本积累与中国经济增长的源泉［J］．经济问题探索，2008（12）：82－88．

［104］陆铭．玻璃幕墙下的劳动力流动：制度约束、社会互动与滞后的城市化［J］．南方经济，2011（6）：23-37．

［105］吕新业．我国粮食安全现状及未来发展战略［J］．农业经济问题，2003（11）：43-47，80．

［106］罗明忠，罗琦．农村转移劳动力就业能力对其非农就业稳定影响的实证分析［J］．贵州社会科学，2015（6）：144-152．

［107］马林静，欧阳金琼，王雅鹏．农村劳动力资源变迁对粮食生产效率影响研究［J］．中国人口·资源与环境，2014，24（9）：103-109．

［108］马晓河，马建蕾．中国农村劳动力到底剩余多少？［J］．中国农村经济，2007（12）：4-9，34．

［109］毛瑛，王颖文，汪浩，聂兰．我国农村社会保障制度发展演进［A］．中山大学政治与公共事务管理学院、中山大学社会保险与社会政策研究所、中山大学行政管理研究中心．中国社会保障制度建设30年：回顾与前瞻学术研讨会论文集［C］中山大学政治与公共事务管理学院、中山大学社会保险与社会政策研究所、中山大学行政管理研究中心：中山大学行政管理研究中心，2008：10．

［110］苗瑞卿，戎建，郑淑华．农村劳动力转移的速度与数量影响因素分析［J］．中国农村观察，2004（2）：39-45，81．

［111］彭迈．农村劳动力转移后"空巢村"的隐忧与治理

[J]. 经济与管理研究, 2008 (4)：49 - 53.

[112] 彭荣胜. 农村劳动力转移与城市化 [J]. 商业研究, 2009 (7)：183 - 185.

[113] 彭勇行, 王跃辉. 电力企业经济效益的组合系统评价研究 [J]. 数量经济技术经济研究, 2000 (9)：75 - 77.

[114] 秦雪征, 周建波, 辛奕, 庄晨. 城乡二元医疗保险结构对农民工返乡意愿的影响——以北京市农民工为例 [J]. 中国农村经济, 2014 (2)：56 - 68.

[115] 曲秉春, 金喜在. 东北乡村劳动力转移对城镇就业的影响分析 [J]. 当代经济研究, 2012 (4)：77 - 81.

[116] 屈小博, 都阳. 农民工的人力资本积累：教育、培训及其回报 [J]. 中国社会科学院研究生院学报, 2013 (5)：73 - 79.

[117] 冉光仙. 从主体平等到制度供给——新生代农民工共享城市发展诉求的路径依赖 [J]. 甘肃社会科学, 2016 (3)：149 - 153.

[118] 任国强, 王福珍, 潘秀丽. 相对剥夺对农村劳动力迁移的影响 [J]. 华南农业大学学报（社会科学版）, 2015, 14 (3)：70 - 78.

[119] 阮青松. 对"理性"和"自利"的反思新视角中的企业经基层激励约束 [M]. 上海：上海人民出版社, 2010.

[120] 申鹏, 凌玲. 产业转型对农村劳动力区域流动的影

响研究 [J]. 经济问题探索, 2014 (6): 80 – 86.

[121] 宋林飞. 中国农村劳动力的转移与对策 [J]. 社会学研究, 1996 (2): 105 – 117.

[122] 孙绍荣, 宗利永, 鲁虹. 理性行为与非理性行为: 从诺贝尔经济学奖获奖理论看行为管理研究的进展 [M]. 上海: 上海财经大学出版社, 2007.

[123] 孙守卫, 知霖. 打破"经济人"神话 [M]. 北京: 中国财政经济出版社, 2003.

[124] 孙淑琴. 城镇化中的城市污染、失业与经济发展政策的效应 [J]. 中国人口·资源与环境, 2014, 24 (7): 59 – 64.

[125] 孙天雨, 张素罗. 农村劳动力转移对乡村文化转型的影响及对策 [J]. 河北学刊, 2014, 34 (4): 164 – 167.

[126] 孙文凯, 路江涌, 白重恩. 中国农村收入流动分析 [J]. 经济研究, 2007 (8): 43 – 57.

[127] 孙文凯, 路江涌, 白重恩. 中国农村收入流动分析 [J]. 农业经济导刊, 2007 (12): 53 – 66.

[128] 谭清华, 周广肃, 王大中. 新型农村社会养老保险对城乡劳动力转移的影响: 基于 CFPS 的实证研究 [J]. 经济科学, 2016 (1): 53 – 65.

[129] 唐茂华. 劳动力非永续性转移的经济成因及其创新路径 [J]. 社会, 2007 (5): 182 – 196, 210.

[130] 唐颂, 黄亮雄. 新经济地理学视角下的劳动力转移

机制及其实证分析 [J]. 产业经济研究, 2013 (2): 1-9, 84.

[131] 田杨, 崔桂莲. 农村劳动力流动和新农村建设问题探析 [J]. 东岳论丛, 2015, 36 (8): 96-101.

[132] 万晓萌. 农村劳动力转移对城乡收入差距影响的空间计量研究 [J]. 山西财经大学学报, 2016, 38 (3): 22-31.

[133] 王冰, 张军. 对现阶段我国农村社会保障制度的经济分析 [J]. 中国人口·资源与环境, 2007 (1): 14-19.

[134] 王诚. 中国就业转型: 从隐蔽失业、就业不足到效率型就业 [J]. 经济研究, 1996 (5): 38-46.

[135] 王德文, 张展新, 程杰, 侯慧丽. 金融危机对贫困地区农村劳动力转移的影响 [J]. 中国农村经济, 2009 (9): 21-27.

[136] 王小龙, 兰永生. 农村劳动力转移对农户教育支出的冲击及财政政策含义 [J]. 财贸经济, 2010 (12): 62-68, 119, 144.

[137] 王学真, 郭剑雄. 刘易斯模型与托达罗模型的否定之否定——城镇化战略的理论回顾与现实思考 [J]. 中央财经大学学报, 2002 (3): 77-80.

[138] 王雨濛, 杨志海. 劳动力转移、与耕地集约利用 [J]. 江西财经大学学报, 2013 (5): 86-93.

[139] 王跃生. 中国当代人口迁移政策演变考察——立足于 20 世纪 50-90 年代 [J]. 中国人民大学学报, 2013, 27

（5）：103－111.

[140] 王志刚．耕地、收入和教育对农村劳动力转移的影响 [J]．农业技术经济，2003（5）：10－13.

[141] 魏文武．走向形而上的管理学 [M]．长春：吉林人民出版社，2006.

[142] 文军．从生存理性到社会理性选择：当代中国农民外出就业动因的社会学分析 [J]．社会学研究，2001（6）：19－30.

[143] 吴敬琏．农村剩余劳动力转移与"三农"问题 [J]．宏观经济研究，2002（6）：6－9.

[144] 伍向文，沈薇．托达罗模型的修正及其在中国的意义 [J]．开发研究，2004（2）：52－55.

[145] 武国定，方齐云，李思杰．中国农村劳动力转移的效应分析 [J]．中国农村经济，2006（4）：63－70.

[146] 夏兴园，赵明岚．农村潜在劳动力剩余标准及其就业出路 [J]．长沙理工大学学报（社会科学版），2004（3）：36　39.

[147] 向其凤，石磊．西部民族地区农村劳动力转移的影响因素分析——基于多水平 Logistic 模型的研究 [J]．数理统计与管理，2012，31（6）：965－975.

[148] 肖德，舒联众．我国人口城市化不同转移路径的比较——基于劳动力转移成本补贴视角 [J]．经济管理，2013，35（5）：160－170.

[149] 肖琳子，肖卫．二元经济中农业技术进步对劳动力流动与经济增长的影响——基于中国 1992—2012 年的实证分析 [J]．求索，2014 (9)：40 – 44.

[150] 肖挺．财政分权体制对劳动力转移影响的实证分析 [J]．管理科学，2014，27 (5)：120 – 132.

[151] 肖文韬，孙细明．托达罗人口流动行为模型的一个修正及其新解释 [J]．财经理论与实践，2003 (1)：23 – 27.

[152] 谢勇．就业流动、人力资本与农民工工资 [J]．中南财经政法大学学报，2015 (5)：142 – 149.

[153] 徐育才．农村劳动力转移：从"推力模型"到"三力模型"的设想 [J]．学术研究，2006 (5)：22 – 26.

[154] 徐增阳．行政化村治与"压力型"农民流动——以湖南 G 村为个案 [D]．武汉：华中师范大学，2000.

[155] 许兴文．千方百计增进农民福祉 [M]．北京：中国农业出版社，2007.

[156] 薛蒙林．基于托达罗模型的我国农村劳动力转移的时间分析 [J]．统计与决策，2013 (6)：98 – 101.

[157] 杨风．农民工城市融入的障碍与路径——基于对济南市的调查与思考 [J]．农村经济，2011 (8)：107 – 110.

[158] 杨宜勇．农业减税对农村剩余劳动力转移的影响 [J]．税务研究，2008 (2)：9 – 14.

[159] 杨渝红，欧名豪．土地经营规模、农村剩余劳动力

转移与农民收入关系研究——基于省际面板数据的检验［J］.资源科学，2009，31（2）：310－316.

［160］杨云彦.中国人口迁移与发展的长期战略［M］.武汉：武汉出版社，1994：146.

［161］杨正喜，杨慧.社会变迁背景下我国流动人口产生动因及状况分析——基于广东 ZS 市实证调研［J］.社会科学家，2009（3）：47－50.

［162］叶义成，柯丽华.系统综合评价技术及其应用［M］.北京：冶金工业出版社，2006.

［163］衣光春，徐巍.对托达罗模型前提、变量及政策含义的新思考［J］.北京行政学院学报，2004（4）：36－40.

［164］余新民.城乡居民收入差距与教育差距的经济学分析［J］.江西社会科学，2008（6）：85－88.

［165］袁钺.农村剩余劳动力的转移与中国农村新型工业化［J］.农业经济问题，2003（4）：34－38，79－80.

［166］袁志刚，李娜.中国农村劳动力转移对城乡收入差距影响的研究述评［J］.云南财经大学学报，2012（4）：71－79.

［167］臧新，赵炯.外资区域转移背景下 FDI 对我国劳动力流动的影响研究［J］.数量经济技术经济研究，2016，33（3）：78－94.

［168］曾迪洋.国家还是市场：城镇化进程中流动人口的市场转型偏好［J］.社会，2016，36（5）：131－154.

[169] 展进涛, 陈超. 劳动力转移对农户农业技术选择的影响: 基于全国农户微观数据的分析 [J]. 中国农村经济, 2009 (3): 75-84.

[170] 展进涛, 刘桢, 高雷. 劳动力市场分割视角下农民工技能培训与非农工资差异——基于 CFPS 数据的实证分析 [J]. 江海学刊, 2017 (2): 93-98.

[171] 张彩江, 马庆国. "剩余劳动" 与 "劳动剩余": 对结构转换中劳动力转移的一种新解释 [J]. 学术研究, 2004 (11): 33-40.

[172] 张车伟. 农村劳动力转移与新农村建设 [J]. 中国农村经济, 2006 (7): 4-10.

[173] 张广婷, 江静, 陈勇. 中国劳动力转移与经济增长的实证研究 [J]. 中国工业经济, 2010 (10): 15-23.

[174] 张国平, 邱风. 现状、根源与策: 我国城乡差距实证研究 [M]. 杭州: 浙江人民出版社, 2007.

[175] 张海波. 农村剩余劳动力转移对全要素生产率的影响研究 [J]. 统计与决策, 2016 (22): 98-101.

[176] 张慧卿.20 世纪 90 年代以来 "乡—城" 人口流动政策述评 [J]. 前沿, 2010 (17): 111-114.

[177] 张庆, 管晓明. 单纯依靠农村剩余劳动力转移并不能缩小城乡收入差距 [J]. 经济纵横, 2006 (3): 47-50.

[178] 张榉榉, 刘秋霞, 韩秀元. 劳动力流动问题研究热

点分析 [J]. 经济学动态, 2015 (6): 125 - 136.

[179] 张小林. 城乡统筹: 挑战与抉择 [M]. 南京: 南京师范大学出版社, 2009.

[180] 张雅丽, 范秀荣. 中国工业化进程中农村劳动力转移 "推力模型" 的构建 [J]. 西北人口, 2009, 30 (5): 77 - 79, 84.

[181] 张艳华. 农村劳动力转移的关联效应与有效治理 [J]. 改革, 2016 (8): 54 - 63.

[182] 张勇. 农业劳动力转移与经济增长的实证研究 [J]. 经济评论, 2009 (1): 42 - 47, 68.

[183] 张勇. 农业劳动力转移、增长和失业——农业劳动力和农村贫困问题的实证分析 [J]. 经济问题, 2008 (10): 69 - 72.

[184] 张佑林. 农村剩余劳动力迁移的推力与拉力因素 [J]. 改革, 2005 (7): 64 - 69.

[185] 张玉林. 中国城乡教育差距 [J]. 战略与管理, 2002 (6): 55 - 63.

[186] 章铮. 从托达罗模型到年龄结构——生命周期模型 [J]. 中国农村经济, 2009 (5): 43 - 51.

[187] 赵满华. 中国城乡收入差距研究 [M]. 北京: 经济管理出版社, 1997.

[188] 赵耀辉. 中国农村劳动力流动及教育在其中的作用——以四川省为基础的研究 [J]. 经济研究, 1997 (2):

37 - 42，73.

［189］郑功成. 从城乡分割向城乡一体化（上）中国社会保障制度变革挑战［J］. 人民论坛，2014（1）：66 - 69.

［190］周世军，刘丽萍，卞家涛. 职业培训增加农民工收入了吗？——来自皖籍农民工访谈调查证据［J］. 教育与经济，2016（1）：20 - 26.

［191］周天勇，胡锋. 托达罗人口流动模型的反思和改进［J］. 中国人口科学，2007（1）：18 - 26，95.

［192］周晓时. 劳动力转移与农业机械化进程［J］. 华南农业大学学报（社会科学版），2017，16（3）：49 - 57.

［193］朱长存，马敬芝. 农村人力资本的广义外溢性与城乡收入差距［J］. 中国农村观察，2009（4）：37 - 46，96.

［194］朱农，王美艳. 中国经济增长究竟有多快？［J］. 国际经济评论，2002（5）：49 - 52.

［195］朱农. 中国劳动力流动与"三农"问题［M］. 武汉：武汉大学出版社，2005.

［196］朱熠. 分析劳动技能对劳动力转移模式的影响——对托达罗模型的扩展［J］. 经济体制改革，2008（1）：168 - 171.

［197］邹璇. 劳动力流动、区际变量冲击及宏观经济影响［J］. 南方经济，2011（5）：68 - 82.

［198］Bogue D. J. Internal Migration［M］. Chicago：University of Chicago Press，1959.

[199] E. G. Ravenstein. The Laws of Migration [J]. Journal of the Royal Statistical Society, 1985 (2): 167 – 235.

[200] Fei C. H. and Ranis G. A Theory of Economic Development [J]. American Economic Review, 1961 (9): 321 – 341.

[201] Lewis W. A. Economic Development with Unlimited Supply of Labor [J]. The Manchester School, 1954, 5.

[202] Lucas R. E. Jr. Life Earnings and Rural – Urban Migration [J]. Journal of Political Economy, 2004, 112 (S1): 29 – 59.

[203] O. Stark and J. E. Taylor. Migration Incentives, Migration Types: the Role of Relative Deprivation [J]. The Economic Journal, 1991, 101 (408): 1163 – 1178.

[204] Sjaastad L. A. The costs and returns of human migration [J]. Journal of Political Economy, 1962, 70 (1): 80 – 93.

[205] Todaro M. P. A. Model of Labor Migration and Urban Unemployment in Less Developed Countries [J]. American Economics Review, 1969 (1): 138 – 148